王溢然 束炳如 主编

中学生物理思维方法丛书

9 归纳与演绎

岳燕宁 编著

中国科学技术大学出版社

图书在版编目(CIP)数据

归纳与演绎/岳燕宁编著. —合肥:中国科学技术大学出版社,2015.7
(2023.9重印)
(中学生物理思维方法丛书)
ISBN 978-7-312-03700-9

Ⅰ. 归…　Ⅱ. 岳…　Ⅲ. 中学物理课—教学参考资料
Ⅳ. G634.73

中国版本图书馆 CIP 数据核字(2015)第 101205 号

出版	中国科学技术大学出版社 安徽省合肥市金寨路 96 号,230026 http://www.press.ustc.edu.cn https://zgkxjsdxcbs.tmall.com
印刷	安徽国文彩印有限公司
发行	中国科学技术大学出版社
开本	880mm×1230mm　1/32
印张	5.75
字数	149 千
版次	2015 年 7 月第 1 版
印次	2023 年 9 月第 6 次印刷
印数	18001—22000 册
定价	20.00 元

在实验物理学上,一切定理均由现象推得,用归纳法推广之.

——牛顿

适用于科学幼年时代的以归纳为主的方法,正在让位于探索性的演绎法.

——爱因斯坦

序 1

在中学物理学习过程中,学生在获取知识的同时,还要重视从科学宝库中汲取思维营养,加强科学思维方法的训练.

思维方法的范畴很大,包括抽象思维、形象思维、直觉思维等.就抽象思维而言,又有众多的方法,在逻辑学中都有较严格的定义.对于以广大中学生为主的读者群,就思维科学意义上按照严格定义的方式去介绍这众多的思维方法,显然是没有必要的.由王溢然、束炳如同志主编的这套丛书,不追求思维科学意义上的完整,仅选取了在物理科学中最有影响、中学物理教学中最常见的思维方法(包括研究方法)为对象,在较为宽泛的意义上去展开,立意新颖,构思巧妙.全套丛书共 13 册,各册彼此独立,都以某一类或两三类思维方法为主线,在物理学史的恢宏长卷中,撷取若干生动典型的事例,先把读者引入饶有兴趣的科学氛围中,向读者展示这种思维方法对人类在认识客观规律上的作用.然后,围绕这种思维方法,就其在中学物理教学中的功能和表现,以及其在具体问题中的应用做了较为深入、全面的开掘,使读者能从物理学史和中学物理教学现实两方面较宽广的视野中,逐步领悟到众多思维方法的真谛.

这套丛书既不同于那些浩繁的物理学史典籍,也有别于那些艰深的科学研究方法论的专著,它融合了历史和方法,兼顾了一般与提高,联系了教学与实际,突出了对中学物理教学的指导作用,文笔生

动、图文并茂,称得上是一套融史料性、科学性、实用性、趣味性于一体的优秀课外读物.无论对广大中学生(包括中等文化程度的读者)还是对中学物理教师以及高等师范院校物理专业的学生,都不无裨益.

科学研究是一项艰巨的创造性劳动.任何科学发现和科学理论的诞生都是在一定的背景下,科学家精心的实验观测、复杂的思维活动的产物.在攀登道路上充满着坎坷和危机,并不是一帆风顺、一蹴而就的.科学家常常需及时地(有时甚至是痛苦地)调整自己的思维航向,才能顺利抵达成功的彼岸.因此,任何一项科学新发现、一种科学新理论的诞生,绝不会仅是某种单一思维活动的结果.这也就决定了丛书各册在史料的选用上必然存在某些重复和交叉.虽然这是一个不足之处,却也可以使读者的思维层次"多元化".不过,作为整套丛书来说,如果在史料的选用上搭配得更精细一些、在思维活动的开掘上更深刻一些,将会使全书更臻完美.

我把这套丛书介绍给读者,首先希望引起广大中学生的兴趣,能从前辈科学家思维活动中汲取智慧,活化自己的思维,开发潜在的智能;其次希望中学物理教师在此基础上继续开展对学生思维方法训练的研究,致力于提高学生的素质,以适应新时期的需要;最后我也真诚地希望这套丛书能成为图书百花园中一朵惹人喜爱的花朵.

阎金铎

序 2

"中学生物理思维方法"是一个很诱人的课题.如果从我比较自觉地关注这个课题算起,要追溯到20世纪80年代.开始时,朴素的动因就是激发学生兴趣,丰富上课内容;后来,通过对许多科学研究方法论著作、思维学著作等的学习和教学实践,认识上逐步从传授知识层面提高到了对学生的学习能力乃至思维品质进行培养的高度.于是,在90年代中期,经过比较充分的积累,策划编写了这套思维方法丛书.

《中学生物理思维方法丛书》问世后,受到了广泛的关注,被列入国家新闻出版总署"八五"规划重点图书,还被推介到台湾出版了繁体字版(中国台湾新竹凡异出版社).因此,作者受到了很大的鼓舞.

光阴荏苒,如今已进入21世纪.科学技术飞速发展,教学理念不断更新,教学的要求也随着时代前进的脚步有了很大的变化.当前,国际教育界大力提倡"科学的历史、哲学和科学"教育,希望借此更好地提高学生的科学素质.我国从新世纪开始试行的《高中物理课程标准》也明确提出同样的要求.中外教育家一致的认识——结合物理教学内容,回顾前辈科学家创造足迹,无疑是了解科学本质、培养科学精神的一个重要途径.

本丛书的新一版继续坚持"科学史料、思维方法、中学教学"三结合的内容特色,并补充了反映科学技术方面的新成果、新思想,尤其

在结合中学物理教学方面有了很大的进展——删去或淡化了与当前中学物理教学联系不够紧密的某些枝叶,突出了主干知识;撤换了相对陈旧的某些问题,彰显了时代风貌;调整了某些内容,强化了服务对象.值得说明的是,在新一版中还选入了相当数量的近年高考题,这些问题集中反射了各地专家、学者的智慧,格外显得光彩熠熠、耐人寻味.因此,新一版内容更为丰满多彩,也更为贴近中学教学和学生实际,更好地体现了科学性、方法性、应用性、趣味性.希望能够继续被广大读者喜欢,也希望能够更好地使读者受到启发,有所得益,有所进步!

今后,随着时代的发展和中学物理教学要求的不断更新,新思想、新成果和教学中的新问题势必会层出不穷,但前辈科学家崇高的科研精神、深邃的思想和创造性思维方法的光辉,必将永远照耀着人们前进的道路!

在新一版问世之际,首先要衷心感谢我的良师益友、苏州大学物理系束炳如教授.从萌发编写丛书的想法开始,束先生就给予作者极大的鼓励、支持.编写过程中,作者与先生进行了难以计次的深夜长谈,他开阔的思路、活跃的创见和对具体问题深刻的分析指导,都给了作者极为有益的启发和帮助,让作者从中得到了强大的精神力量,也给作者留下了永不磨灭的记忆.借此机会,同时衷心感谢两位德高望重的原顾问周培源先生*和于光远先生**以往对本丛书的关爱;衷心感谢为本丛书作序的阎金铎教授***对作者的鼓励;衷心感谢吴保让先生、倪汉彬先生、贾广善先生、刘国钧先生等曾为丛书审读初稿

---

* 周培源(1902~1993),著名物理学家,中国科学院院士,曾任中国物理学会理事长、中国科学技术协会主席、北京大学校长等.

** 于光远(1915~2013),著名经济学家,中国社会科学院哲学社会科学学部委员,曾任国家计划委员会经济研究所所长、中国社会科学院副院长等.

*** 阎金铎,著名物理教育家,北京师范大学物理系教授、教科所所长,曾任中国教育学会物理教学研究会理事长等.

并提出了宝贵的修改意见;衷心感谢曾为丛书绘制精美插图的朱然先生;衷心感谢被引用为参考资料的原作者们;衷心感谢曾经对丛书大力支持的大象出版社;衷心感谢广大读者朋友对本丛书的厚爱.

本丛书相当于一个"系统工程",编辑、出版需要花费大量的人力、物力.新一版的问世,跟中国科学技术大学出版社的鼎力支持是分不开的.在此,也代表所有作者对中国科学技术大学出版社和有关编辑室表示衷心的感谢.

不知哪位作家说过这样的话:写作的最大乐趣首先是在写作的过程中,作者与读者心灵交流;其次是作品出版后,能够被读者认可.虽然这套丛书不是文学创作的作品,我们也只是站立三尺讲台的中学老师,但是在编写过程中,内心时时有着一种极为强烈的冲动,有一个声音呼唤着:把我们在长期教学实践中所积累和思考的有关中学物理教与学的点滴认识、心得与中学物理教学界同行,尤其是广大的中学生朋友们进行交流、分享与探讨.实际上,书中有许多地方都包含着从以往学生的思维火花中迸发的方法.

本丛书的新一版,尽管我们思考了比较长的时间,编写中也都做了最大努力,但仍然难免会有疏漏乃至错误的地方,请读者发现后予以指正.

王溢然

2014年2月于苏州庆秀斋

前　言

爱因斯坦说过一段很深刻的话:"结论几乎总是以完成的形式出现在读者面前.读者体会不到探索和发现的喜悦,感觉不到思想形成的生动过程,也很难清楚地理解全部情况."我想,正在中学学习物理的年轻朋友们,大约也正在经历着爱因斯坦所描述的情形——学习了物理学的完美无缺的结论,然而对物理学家们的探索过程和思维方法却知之甚少.

作者将这本小册子献给青年朋友们,就是希望读者能对"归纳与演绎"的思维方法有所了解,知道它在物理学发展中所起的作用,学会用它解决一些中学物理的实际问题.

如果本书能对青年朋友们有所裨益,则作者将感到莫大的欣慰.

作　者
2014 年 10 月于金陵

目　录

序 1 ··· i

序 2 ··· iii

前言 ·· vii

1 由特殊到一般的思维方法——归纳法 ······················ 001
　1.1　什么是归纳法 ·· 001
　1.2　完全归纳法和不完全归纳法 ··························· 004
　1.3　求因果关系的归纳法——穆勒五法 ·················· 008
　1.4　归纳法在科学认识中的作用 ··························· 037
　1.5　归纳法的局限性 ··· 040

2 由一般到特殊的思维方法——演绎法 ······················ 045
　2.1　什么是演绎法 ·· 045
　2.2　演绎法在科学认识中的作用 ··························· 047

3 归纳和演绎的辩证关系 ··· 053
　3.1　归纳与演绎的区别 ······································· 053

3.2 归纳与演绎的联系 ………………………………………… 054

4 归纳与演绎的方法在科学发现与技术发明中的作用 ……… 064
4.1 归纳演绎法在科学发现中的作用 ……………………… 064
4.2 归纳演绎法在技术发明中的作用 ……………………… 064

5 归纳和演绎的方法在中学物理学习中的指导作用 ………… 077
5.1 归纳法在建立物理概念、理解物理规律中的作用 …… 077
5.2 演绎法在学习和掌握物理规律中的作用 ……………… 083
5.3 归纳法对物理实验的指导作用 ………………………… 092

6 归纳和演绎的方法在中学物理解题中的应用 ……………… 105
6.1 正确运用归纳和演绎的方法 …………………………… 105
6.2 防止错误的归纳和演绎 ………………………………… 122
6.3 归纳和演绎在高考题中的应用 ………………………… 137

结束语 ……………………………………………………………… 168

参考文献 …………………………………………………………… 169

由特殊到一般的思维方法——归纳法

1.1 什么是归纳法

夜空静谧,星光灿烂.我们仰视天空,深深为太空的深邃幽远、浩渺无际所陶醉.古往今来,多少人梦想过离开地球的怀抱,奔向辽阔无垠的太空,去探索宇宙的奥秘!

星际航行的奠基人、俄罗斯科学家齐奥尔科夫斯基(K. E. Tsiolkovsky,1857~1935)说过这么一段充满豪情的话:"人类不会永远停留在地球上,为了探索宇宙空间,开始会小心翼翼、战战兢兢地突破大气层的范围,但到了后来,却一定会征服太阳附近的全部空间."

这位科学家的豪迈预言正在一步步地变为现实:1957年,苏联发射了世界上第一颗人造地球卫星,开创了人类空间活动的新纪元;1961年,苏联发射了第一艘载人宇宙飞船,宇航员加加林成为宇宙航行第一人(图1.1);1969年,美国实现了阿波罗登月计划,阿姆斯特朗成为第一个登上月球的宇航员(图1.2);1981年,美国成功发射第一架航天飞机……几十年来,我国的航天事业也取得

图1.1　前苏联宇航员加加林

归纳与演绎
GUINA YU YANYI

了令人瞩目的发展：1970年，我国发射第一颗人造卫星"东方红一号"；2003年，首位中国航天员杨利伟遨游太空；2013年，"神舟十号"飞船发射升空，3名航天员开展了一系列空间科学实验，并进行了太空授课，广大中学生朋友们兴致勃勃地聆听了女航天员王亚平的讲课（图1.3）；2020年12月，嫦娥五号探测器登月成功，并完成月球采样工作，顺利返回地球……总有一天，许许多多普通人都有可能像乘坐飞机一样乘坐航天飞机到太空遨游一番。

图1.2　阿波罗登月的三名宇航员

图1.3　宇航员王亚平太空讲课

但是，在宇宙飞船发射升空和环绕地球运行时，宇航员要经受超重和失重的考验（主要是失重的考验）．人类能适应较长时间的失重状态吗？

科学家们首先是从动物开始研究这个问题的．为了研究宇宙飞行时的超重和失重（主要是失重）状态对动物身体的影响，科学家们先用个别的动物（如狗、老鼠和果蝇）进行实验，观察它们在失重状态下的反应以及经过宇宙飞行后身体的变化，经过许多次实验以后，科学家就从这些个别的动物能够经受长时间的失重状态推理出一条普遍性的规律——"所有的动物都能经受长时间的失重状态"．

之后，科学家们又让个别的宇航员进行相应的实验，发现这些宇航员也能经受长时间的失重状态．于是，科学家们又得出一条普遍性的规律——"人类能够适应较长时间的失重状态"．

像上面所叙述的这种从个别事实出发推出普遍性结论的方法，叫做归纳法．

1 由特殊到一般的思维方法——归纳法

毛泽东在《矛盾论》中说过:"就人类认识运动的秩序来说,总是由认识个别的特殊的事物,逐步地扩大到认识一般的事物.人们总是首先认识了许多不同事物的特殊本质,然后才有可能进一步进行概括工作,认识诸种事物的共同本质."

人们对电现象的认识也经历了这样的历程.起初,人们接触到各种各样的、特殊的电现象:夏日的天空,乌云翻滚,电闪雷鸣,人们称之为雷电;非洲和南美洲的土著人对一种现在称为电鳗的热带鱼感到很害怕,渔民在捕捉它们的时候,鱼会突然放电,以一种莫名其妙的可怕力量狠狠地打击捕捉它的人,人们称这种现象为生物电;摩擦橡胶棒,会使棒具有吸引轻小物体的性质,人们称之为摩擦电;伏打电池产生的电,称为化学电;电磁感应现象产生的电,称为磁电……以后,人们对这些电现象进行了比较和概括,发现它们都有共同的本质——都是由于电子的得失造成的电现象.这种从个别事物的性质中概括出共同本质的方法也是归纳法.

总的来说,归纳方法就是一种从个别事实中概括出一般概念、一般规律的思维方法.它是一种推理形式,运用归纳法进行推理时,可以分为三个基本步骤:

第一步,搜集材料.一般来说,搜集的材料越多、越全面,推出的普遍结论越可靠.

第二步,整理材料.因为从自然界和实验中获得的材料往往是纷杂繁多的,人们难以直接洞察内在所蕴含的规律性,英国著名哲学家培根(F. Bacon,1561~1626)在谈到归纳法时曾说过:"……我们如果不把它(指材料——作者)归类在适当的秩序以内,则它一定会使人的理解迷离恍惚起来."整理从观察和实验中得到的材料,这是归纳法极为重要的一步.

第三步,概括抽象.通过对材料进行比较、分析,剔除其非本质的成分,把事物的本质因素及其内在规律揭示出来.

归纳法也是人们认识自然、研究自然的一种古老的方法.古希腊哲学家苏格拉底(公元前469~公元前399)所提出的著名的问答法中已有归纳的含义.不过,他的这种归纳只是简单地从许多个别事物中找出它们的共性.这种归纳法还没有科学的地位.现代归纳法是培根提出的.他第一次最完备地指出了归纳法在人们的认识过程中的科学地位.他断言:人类在认识过程中必须从因果联系,从分析个别事物、现象出发,任何可靠的真理都必须以大量的事实为根据.通过对大量事物的比较,就可能使单一的、个别的东西上升到一般,上升到结论.培根的实验——归纳法曾对自然科学的发展有很大影响,自然科学在归纳法的指导下确实也曾获得辉煌的成绩.

 1.2 完全归纳法和不完全归纳法

在逻辑学中,归纳法按被归纳的对象是否完全而分成完全归纳法和不完全归纳法.

完全归纳法是从所有个别对象的全部总和中归纳出一般结论的方法.由这种方法归纳出的结论当然更加可靠,但除数学外,这种方法在其他的自然科学中是难以进行的.例如,在数学中,若某一命题对所有奇数都成立,对所有偶数也成立,便可推出它对所有自然数都成立的一般结论,因为所有奇数和偶数就构成了所有的自然数.但是,在物理学中,某一类现象往往含有无穷多种事实,不可能一一枚举穷尽,因而无法做完全归纳.

另一种归纳法称为不完全归纳法.不完全归纳法又分为简单枚举法和科学归纳法.

例如,住在海边的人看到,每当月圆的时候,海上潮水最高.他们由此得出结论:月亮圆时潮水最高.他们由"在一段有限的时间内观察到的月亮圆时潮水最高",推到"在任何月亮圆时潮水都最高".这就用了简单枚举法.

读者朋友一定很喜欢中国的古典诗词,其中有很多优美的诗句描写了海潮和明月.唐代诗人张若虚的名篇《春江花月夜》开头两句就是:"春江潮水连海平,海上明月共潮生."唐代白居易的词《忆江南》的第二首:"江南忆,最忆是杭州.山寺月中寻桂子,郡亭枕上看潮头.何日更重游?"其中"山寺月中寻桂子"是指白居易中秋之夜在杭州灵隐寺举头望月,俯首细寻看是否有桂子从月中飞坠于桂花影中."郡亭枕上看潮头"则是写白居易躺在他郡衙的亭子里,能看得见钱塘江那卷云拥雪的海潮了.这首词中,作者自然地又将海潮和明月联系起来.宋代周密的一篇美文《观潮》则更为细致地描写了钱塘江潮的盛况:"浙江之潮,天下之伟观也.自既望以至十八日为盛.""既望"是指农历八月十六,即潮水从十六至十八日为最盛.

我们的先人对自然现象观察得如此细致准确,文笔又如此优美,真令我们惊叹!当然,他们当时对潮汐产生的科学原理并不清楚.直至17世纪牛顿发现了万有引力定律后,人们才弄清了潮汐产生的原因——潮汐是太阳、月球对海水的引力以及地球自转共同产生的一种物理效应.

简单枚举法没有穷举全部对象,不能保证在没有考察的对象中不出现例外,因而是一种可靠性不大的推理.例如,欧洲人在发现澳大利亚以前,观察到千千万万只天鹅都是白的,他们应用简单枚举法得出结论:所有的天鹅都是白的.后来,欧洲人在澳大利亚发现了黑天鹅,原来应用简单枚举法得出的结论就被推翻了.

因此,在物理学这种严密的科学中,已经很少单独使用简单枚举法来建立普遍性的结论.但是,作为一种初步的探索方法,即作为提供假说的方法,简单枚举法在科学研究中仍有其重要作用.

在牛顿(I. Newton,1642～1727)发现万有引力定律的过程中,有一个著名的月—地检验.传说牛顿在苹果树下沉思,看到苹果落

地,因而想到地球对苹果的引力作用,进而又想到月球可能也受到地球引力的作用.那么,这个引力的大小与苹果受到的地球引力大小有何关系?他受布里阿德(I. Bulliadus,法国,1605～1694)的启发,认为可能是与距离平方成反比的关系.于是,他进行了一次估算——苹果到地心的距离较月球到地心的距离约小60倍,因而地面上的重力加速度应约是月球向心加速度的3 600倍.他根据月—地距离以及月球的运行周期进行了估算,结果"差不多密合".牛顿根据月—地检验得出的引力平方反比律,推广到一切星体间引力也遵从平方反比律.从思维方法的角度看,牛顿在这里应用了不完全归纳法.当然,万有引力定律在开始时只能是一种假说,此后经过一系列实践的检验:地球形状的测定、哈雷彗星的回归、海王星的发现……才成为科学界所公认的理论.*

关于牛顿的"月—地检验",后人有一首有趣的小诗,现抄录于下:

艾萨克爵士**在沉思散步,
遇见了一位邻居是个农夫,
邻居劝他歇一歇聊聊天,
他正在为引力定律思索良苦.
微风吹拂着盛开淡淡鲜花的苹果树.
牛顿的这位邻居是果树园的园主.
吹落的果花遍地皆是,
铺满了果园里的条条小路.

邻人对牛顿说:"请留步!
有句话我想对你讲述.

---

* 参见本丛书《猜想与假设》一册.
** 艾萨克爵士——艾萨克·牛顿(Isaac Newton).

1 由特殊到一般的思维方法——归纳法

城里人到处在谈论,
你观察了苹果落地,
因此而声名卓著.
请告诉我,这是怎么回事?
先生,请帮我解开这个闷葫芦."

"唔,是呀!"牛顿答道,"当然可以!
君不见这个力完全相同?
它随着距离 r 的平方而减小,
这距离直到我们忠实的月球,
直到苹果,或迟或早,
请看下一步……"

"请吧!"邻人说,"请快停住!
这都不是我想知道的内容,
我感兴趣的只有一件事:
开满鲜花的苹果树,
还有那丰硕的果实,枝枝簇簇,
它们在温暖的阳光照耀下成熟,
布满这宁静的乡村小路.
我只想要知道,
一担你要价多少才能满足?"

在不完全归纳法中,根据某类事物的部分对象的**本质分析**,找出它们的**内在联系**,推出该事物的一般性结论,称为科学归纳法,它是优于简单枚举法的一种不完全归纳法,其结论是可靠的.例如,观察几种金属受热膨胀的现象以后,得出了金属膨胀的一般性质,这是简单枚举法.是不是会有其他的金属受热不膨胀呢?这很难说.但是,如果进一步分析金属受热后分子运动状态的变化,那么受热膨胀的结果就可靠了*,这就是科学的归纳推理.

1.3 求因果关系的归纳法——穆勒五法

在不完全归纳法中,还有一种对科学十分有用的方法,叫判明因果关系的归纳法,这些方法包括:契合法、差异法、契合差异并用法、共变法和剩余法.因为这些方法是由英国著名逻辑学家和哲学家穆勒(J. S. Mill,1806~1873)总结的(图1.4),因此称为穆勒五法.

图 1.4　穆勒

(1) 契合法

如果所研究的现象在两个或两个以上的场合中,只有一种情况是共同的,那么,这种共同情况就与所研究的现象之间有因果关系.

我们用 A、B、C、D、E、F、G 分别代表不同的情况,a 是我们所要研究的现象,契合法可如下表示:

　　　　　　情况　　　现象

场合(1)　　A、B、C——a

场合(2)　　A、D、E——a

场合(3)　　A、F、G——a

……

所以,A 与 a 之间有因果关系.

例如,棉花能保温,积雪也能保温(保持地表温度).据测定,新降落的雪有 40%~50% 的空气间隙,棉花当然也有很多空气间隙,因此,我们得出结论:疏松多孔、含有空气是"易于保温"的原因.这里,

---

* 某些物质的反常膨胀例外.

显然是用了"契合法"——相同的情况是"疏松多孔",产生的现象是"易于保温".

再如,我们可以通过做实验来研究单摆的周期由什么因素决定.用质量不同的摆球做成摆长不尽相同的许多单摆,让它们以不同的摆角(很小,符合简谐振动条件)摆动起来.我们发现,不管摆球质量如何不同,摆角大小如何不同,只要摆长相同,它们的周期就相同.应用契合法,根据摆的周期(这就是所研究的现象 a)相同的许多场合,摆的长度(这就是共同情况 A)都相同,我们就可以得出结论——摆的长度与摆动的周期有因果联系.

但是,必须注意,契合法也不是一种绝对有效的方法.这是因为:① 在我们观察到的几个具体场合下出现的那个共同的情况,也可能与我们所研究的现象毫无关系;② 在我们观察到的几个具体场合中的那些不同的情况,经过进一步的分析以后,可能都包括一个共同因素,而这个共同因素恰恰是我们所研究的现象的原因.

举一个例子,某人在第一天晚上看了两小时的书,又喝了几杯茶,结果整夜失眠.第二天晚上,他又读了两小时书,吸了许多烟,结果又整夜失眠.第三天晚上,他又读了两小时书,喝了大量咖啡,结果又整夜失眠.三个晚上只有一个共同情况:读了两小时书,应用契合法,读两小时书是整夜失眠的原因.

实际上,这个结论是错误的,读两小时书并不是整夜失眠的原因.喝茶、抽烟、喝咖啡虽是三种不同情况,但其中包含一个共同的因素——含有大量的刺激性物质,这才是失眠的真正原因.

在物理学史上,也有两个错用契合法分析因果关系的例子.

蛙腿为什么痉挛?——伽伐尼的一次错误的因果分析

人们很早就发现有些鱼带电,在莱顿瓶(一种储电仪器)发明以后,人们开始考虑莱顿瓶放电的生理效应与这些动物引起的电震之间的关系.1715 年,法国的阿当松(M. Adanson,1727~1806)在研究

电鱼时被击昏,醒来时觉得电鱼放电与莱顿瓶放电相同.当时人们普遍在考虑,其他的动物体内是否有电呢?这就促使人们去寻找动物电.

意大利的动物学家兼医生伽伐尼(L. A. Galvani,1737～1798)在一次偶然的机会里发现了后来人们所称的"伽伐尼电流".经过是这样的:伽伐尼把一只解剖好了的青蛙放在实验台上,实验台上还有一部感应起电机.本来,这只青蛙是准备用来做菜肴的.伽伐尼的助手正在收拾实验台上的东西,无意中拿起一把解剖刀碰了一下蛙腿暴露的神经,那条蛙腿猛然抽动了一下,同时,起电机还出现了电火花.助手吓了一跳,嚷了起来:"天哪!这只青蛙怎么活了?"助手擦了擦眼,仔细端详了那只已被解剖了的青蛙:仍然是死的.

"见鬼了,难道我刚才看花了眼不成?"助手又用刀尖碰了碰蛙腿上的神经,这回他清清楚楚地看见:蛙腿确实是抽动了.

伽伐尼知道了这件事以后,决定重复做实验,以探究其原因.起初,伽伐尼用铜钩与铁窗相连,他发现无论是晴天还是雨天做实验,被铜钩勾住的青蛙的腿在碰到窗子的铁栏杆时都发生痉挛.他联想起富兰克林(B. Franklin,美国,1706～1790)的风筝实验,认为雷雨天大气中的电可以在蛙腿中储存起来,然后在晴天又释放出来.

这个结论对不对呢?他决定在一个封闭的实验室中重复这个实验,结果发现:当他在室内把青蛙放在实验台的铁板上,用铜丝去触蛙腿时蛙腿又发生了痉挛,这就排除了大气电是蛙腿抽动的原因.1792年,他在《论肌肉运动中的电力》一文中描述了他所做的实验:"我选择了不同的时辰,用各种不同的实验重复多次,但结果都是相同的.只是在使用某些金属时,蛙腿的肌肉抽动得更加强烈而已."

于是,伽伐尼提出了"动物电"的观点,他在上述文章中说:"类似的结果使我感到很惊奇,于是我猜想:动物有电.我感到,发生这种现象时,好像有一种流质由神经流向肌肉,并且像莱顿瓶里那样,形成一个链."他最后得出一个结论:"根据我们至今所了解和研究过的一切,我认为完全可以有理由肯定,动物具有电,我们可以将其称为'动物电'."

其实,伽伐尼对蛙腿痉挛这一现象做了错误的因果分析,他误用了"契合法".他为了寻找蛙腿痉挛的原因,分析了蛙腿痉挛现象出现的各种场合究竟存在着一种什么共同的情况(这些共同的情况应是蛙腿痉挛的原因).分析来,分析去,只找到一个共同情况——生物体的存在.于是,他根据"契合法"得出结论:生物电是蛙腿痉挛的原因.其实,伽伐尼忽视了一个重要的细节:只有当他用不同的金属接触时,例如用铜钩戳穿蛙腿而接触到铁板时,蛙腿才会发生痉挛.在"生物电"这样的传统观念束缚下,像伽伐尼这样优秀的实验家也失去了做出重要发现的机会.

对伽伐尼"生物电"的观念持不同意见的科学家,更加深入地探讨了这个问题.意大利的自然哲学教授伏打(C. A. Volta, 1745～1827)决心检验一下蛙腿的抽动是不是由"生物电"引起的.当他用当时已知的方法获得的电流通过青蛙的肌肉时,发现像伽伐尼所看到的一样,蛙腿也会发生抽搐.于是他得出结论:青蛙的神经反应是被动的,它只是像一台"仪器",反映了电流的通过,而不是电流产生的原因.那么,在伽伐尼实验中,电是从哪里来的呢?他决定越过伽伐尼的原始实验去寻求答案.他猜想,可能是两种不同的金属接触时产生了电.

为此,伏打从1792年起,花了整整三年时间,用各种金属搭配成一对一对,做了许多实验.他通过实验,将不同金属排成序列:锌、锡、铅、铜、银、金……(这就是著名的伏打序列).他发现,只要按这个序列,将前面一种金属与后面一种金属接触在一起,前者就带正电,后者带负电,无一例外.伏打就这样找到了蛙腿抽搐的真正原因——**不同金属的接触电位差引起电流**,而青蛙肌肉仅是通电导体而已.从思维方法的角度看,伏打对伽伐尼实验进行了正确的因果分析.

当然,我们应该十分感谢伽伐尼,如果没有他的偶然发现和多年的辛勤研究,伏打也不会有幸做出这样伟大的发现.

X射线是由荧光物质发出的吗?——贝克勒尔对"契合法"的一次误用

1895年,德国科学家伦琴(W. K. Röntgen,1845~1923)发现了X射线(图1.5),揭开了20世纪物理学革命的序幕,整个物理学界为之激动,物理学家们纷纷开始研究X射线的起因.

图1.5　伦琴和伦琴夫人手骨照片

1896年,法国科学家庞加莱(J. H. Poincaré,1854~1912)在法兰西科学院例会上,展示了伦琴寄给他的X光照片(一张活人手骨的照片).在场的法国物理学家贝克勒尔(H. A. Becguerel,1852~1908)向庞加莱询问X射线是从管子的哪个部位发出的,庞加莱告诉他射线似乎是从阴极对面的有荧光的部位发出的.贝克勒尔立即联想到,X射线与荧光可能存在互相联系.会后,他立即开始这方面的研究,看看荧光物质是否会发出X射线.

从思维方法的角度看,贝克勒尔是采用了"契合法",认为荧光与X射线之间可能存在因果联系,之后,他就是循着这个思路进行研究的.

贝克勒尔的祖父和父亲都是著名的物理学家,以研究荧光和磷光著称.他家的实验室中有许多荧光物质与磷光物质标本,这为贝克勒尔的研究提供了极好的条件.

起初,贝克勒尔并未发现实验室中的那些荧光和磷光物质会发出 X 射线.正巧庞加莱又发表了一篇论文,提出这样的问题:"不管荧光的起因如何,是否所有的荧光足够强的物体,都会发射可见光与 X 射线呢?"庞加莱的提示,促使贝克勒尔继续进行实验,以弄清荧光与 X 射线之间是否确有必然联系.

为此,他把铀盐(一种荧光物质)放在用黑纸包好的照相底片上,在日光下曝晒几小时,使铀盐发出荧光,然后冲洗底片,发现底片果然被感光!贝克勒尔的分析是——阳光不会使底片感光(因为底片被黑纸厚厚地包裹),底片之所以被感光,是因为铀盐发出荧光的同时放出了 X 射线,穿透黑纸所致.1896 年 2 月 24 日,他向法国科学院提交的报告中指出:"我们可以从这些实验中得出这样的结论:荧光物质确实放出了辐射,它穿透了对光线来讲完全不透明的黑纸."

这里,贝克勒尔又一次误用了"契合法",得出了 X 射线是由发荧光的物质发出的错误结论.

但是,一次意外的机遇帮助贝克勒尔纠正了这一错误,并帮助他取得了划时代的伟大发现.

1896 年 2 月 26 日,巴黎天气不好,太阳整日不露面,贝克勒尔只好把铀盐包与底片一起放进抽屉里.几天以后,他取出底片检查,结果使他大吃一惊——底片已强烈曝光!底片的曝光与日光和荧光均无关系,贝克勒尔认为:使底片曝光的仍是 X 射线,即使铀盐晶体不受太阳照射,亦即不发出荧光,也可发出 X 射线(图 1.6、图 1.7).

进一步的研究使贝克勒尔发现:所有的铀盐晶体,不管它们是否发出荧光,都能使底片感光;而其他的矿物,即使是荧光极强的物体,也不能使底片感光.这一发现才真正使贝克勒尔激动起来——连他那一小撮胡子也不断颤动.这时贝克勒尔已经意识到,使底片感光的那种神秘光线和荧光无关,而是由铀发出的一种新的射线,后来人们就称之为"贝克勒尔射线".这一次,贝克勒尔才正确地使用了一种判断因果关系的归纳法——"契合差异并用法",关于这种方法,本书将在后面叙述.

图 1.6　贝克勒尔

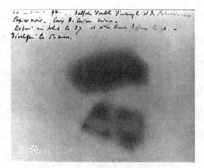
图 1.7　贝克勒尔的实验照片

贝克勒尔发现了天然放射现象,为人类认识原子核的结构开辟了道路.

有趣的是,在贝克勒尔这一重大发现过程中,竟然用了三个错误的假定:

① X 射线是由发荧光的玻璃产生的;

② 其他发荧光的物质也发出 X 射线;

③ 当铀盐不发光时也发射 X 射线.

难怪物理学家瑞利(L. Rayleigh,英国,1842~1919)发出感慨:"一个如此奇妙的发现,竟然起因于一连串虚假的线索,这真是惊人的巧合,科学史上大约很难再出现与之相似的发现."

(2) 差异法

如果所研究的现象出现的场合与它不出现的场合之间,**只有一点不同**,即在一个场合中有某个情况出现,而在另一个场合中这个情况不出现,那么,这个情况与所研究的现象之间就有因果关系.

差异法可如下表示:

1 由特殊到一般的思维方法——归纳法

    情况   现象
场合(1) A、B、C——a
场合(2) ——、B、C————

所以，A 与 a 之间有因果关系．

在场合(1)中，原因 A 出现，所研究的现象 a 也出现，场合(1)叫作正面场合．在场合(2)中，原因 A 不出现，所研究的现象 a 也不出现，场合(2)叫作反面场合．

下面举一例，说明差异法在物理学研究中的作用．

光电效应现象的发现——"差异法"的应用

光电效应，是指电子在光的作用下，从金属表面逸出的现象．

最早发现光电效应现象的是德国科学家赫兹(H. R. Hertz, 1857~1894)．赫兹用实验的方法证实了电磁波的存在，如图 1.8 所示，赫兹调节感应圈使小铜球 A、B 间产生火花．调节探测器两铜球 C、D 的相对位置，在某一位置时，C、D 间也产生了明显的火花．这说明了振子产生的电磁波在探测器中引起了电谐振．赫兹无意中发现，当 A、B 间火花产生的光照射到 C、D 间隙上时，C、D 间火花放电就容易些，若把 A、B 间火花产生的光与 C、D 间隙隔开，则 C、D 间放电就比较困难．而且，赫兹发现，更容易引起 C、D 间隙放电的光是紫外线．他当时无法解释这些现象，只是如实地做了记录．

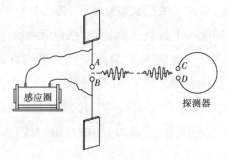

图 1.8 赫兹实验示意图

1889年,海华兹(W. Hollwachs,1859~1922)做了一系列实验,他用碳弧光照射绝缘的锌板(锌板连接验电器)发现:如果锌板原来带负电,经照射后会迅速失去电荷;若在碳弧前面用一块玻璃隔开,则现象消失,说明起作用的确实是紫外光,从锌板放出来的肯定是负电荷.

我们仔细分析一下海华兹的思维过程,就会发现他使用的是"差异法".这里,正面的情况是紫外线照射(A、B、C、…),反面的情况是无紫外线照射(B、C、…)(玻璃吸收了碳弧光的紫外部分),而正面情况下出现的现象是失去负电荷(a),反面情况下出现的现象是不失去负电荷.因此,A 是 a 的原因,即紫外线的照射是锌板失去电荷的原因.(赫兹的分析也用了"差异法",请读者朋友自行分析.)

差异法比契合法有较大的可靠性,因为:

① 在差异法中不仅有正面场合,而且有反面场合;

② 在差异法中,除了在正面场合中有某种情况与在反面场合中没有这种情况外,**其他情况是完全相同的**.

这样,就能够较准确地判明某个情况与所研究的现象之间的因果关系.

但是,应用差异法也可能产生错误.应用差异法时,要求正面场合与反面场合**只有一点不同**.如果在正面场合中还有其他在反面场合中没有的情况,而这一情况又被忽略了,那么就会产生错误.

例如,一位同学一上课就头疼,下课头就不疼了,他以为是患了神经衰弱症,上课是头疼的原因.后来经过医生检查,才发现引起上课头疼的原因,是他上课时戴了一副度数不合适的近视眼镜.这个学生原来的想法就是误用了"差异法",只注意到上课与不上课的差异,忽视了(上课时)戴眼镜与(下课时)不戴眼镜的差异,把真正引起头疼的原因忽略了.

下面,我们介绍物理学史上一次类似的错误.

1 由特殊到一般的思维方法——归纳法

劳伦斯为什么未能首先发现人工放射性?——一次实验设计的失误

劳伦斯(E. O. Lawrence,1901～1958)是美国著名的科学家,他因发明回旋加速器为科学做出了重大的贡献.

1919年,卢瑟福(E. Rutherford,英国,1871～1937)用α粒子轰击氮原子核,得到氧的同位素,从而实现了人类历史上第一次人工核转变.其反应式如下:

$$_2^4\text{He}+_7^{14}\text{N}\longrightarrow_8^{17}\text{O}+_1^1\text{H}$$

由此,人们认识到:粒子可以轰开原子核的大门,而且意识到,如果加速粒子,使之获得更高的能量,则高能粒子可以更容易地轰开原子核的大门,可以在核物理领域内取得更大的成就.

这种需要激励着物理学家们设计各种加速器,使带电粒子在电场中获得加速.

1932年,柯克罗夫特(J. D. Cockcroft,1897～1967)与沃尔顿(E. T. S. Walton,1903～1995)发明了静电加速器,在卡文迪许实验室里以人工加速的粒子实现了核转变.他们用77万伏高压加速质子,使锂7的原子核发生分裂,产生两个α粒子:

$$_3^7\text{Li}+_1^1\text{H}\longrightarrow 2_2^4\text{He}$$

这是第一次由人工加速的粒子引起的核反应.

柯克罗夫特和沃尔顿发明的静电加速器的基本结构如图1.9所示.用一个高压电源在一排喷针上产生正高压(5万～10万伏),通过金属针尖而放电,使输电皮带带上正电.皮带是绝缘的,由下转轴(绝缘轮)拖动,往上运动.这些正电荷

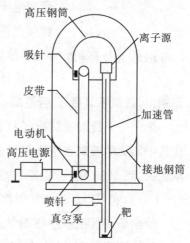

图1.9 静电加速器

遇到上面的吸电针排,便立即转移到钢筒上去.中性皮带回下来可再被喷电针排充电.如此往复循环,钢筒上的正电荷越来越多,它的电位相对于下部地面就越来越高.

在上面钢筒内有一个离子源,使氢电离产生质子,质子经过一个加速管时得到加速,加速管内是高真空,两端有很高的电位差,中间用数十个加速电极形成尽可能均匀的加速电场.加速后的质子束打到下面的靶上或再用其他办法引出使用.

但是,靠静电加速器获得更高能量的粒子是困难的.因为要获得更高的能量,就需要更高的电压,这在技术上会带来极大的困难和危险.

劳伦斯采取了一个非常聪明的办法,制成了回旋加速器.其基本结构如图 1.10 所示,在恒定的磁场中放置两个 D 形盒,并接上高频交变电压,在空隙中产生交变电场.带电粒子就可以在电场力作用下被加速,在磁场作用下回旋,最后待积累到很高的能量时被引出.

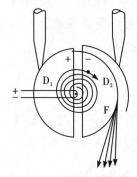

图 1.10　回旋加速器

这样,仪器中的电位差与一次加速的电位差相比,就微乎其微了.劳伦斯的发明具有不可估量的技术价值.

第一个回旋加速器直径只有几英寸(1 英寸=2.54 厘米),离子在其中回旋的玻璃真空室可以放在一只手掌中,以后加速器规模逐渐扩大,到 1936 年,劳伦斯制成了一台直径 37 英寸的回旋加速器(图 1.11),它可以产生强放射性同位素源了.

劳伦斯和其他一些物理学家们不同,尽管他也用回旋加速器进行一些核物理研究,但他的主要兴趣在于改进加速器的性能,开发新的机器,这也确实是他所擅长的领域.也许正因为如此,他也非常遗憾地失去了一些重大发现的机会.

1 由特殊到一般的思维方法——归纳法

图1.11 劳伦斯与第一台回旋加速器

正当劳伦斯以他的加速器制造比约里奥·居里夫妇(F. J. Joliot, 1900~1958 和 I. J. Curie, 1897~1956)强几千倍的放射性物质时, 约里奥·居里夫妇却还在用天然放射性源轰击着原子核. 劳伦斯的条件比约里奥·居里夫妇不知道要好多少倍, 但得出人工放射性这一伟大发现的却不是劳伦斯, 而是约里奥·居里夫妇(图1.12).

图1.12 约里奥居里夫妇

1934年, 约里奥·居里夫妇在用 α 粒子轰击铝箔时, 除探测到预料的中子外, 还探测到了正电子(正电子是物理学家们在1932年发现的, 它的质量跟电子相同, 带一个单位的正电荷, 符号是 $^{0}_{1}e$). 使人感到意外的是, 拿走 α 放射源以后, 铝箔虽不再发射中子, 但仍继续发射正电子, 而且这种放射性随着时间衰减的规律与天然放射性一样, 也有一定的半衰期. 原来, 铝核被 α 粒子击中后发生了如下反应:

$$^{27}_{13}Al + ^{4}_{2}He \longrightarrow ^{30}_{15}P + ^{1}_{0}n$$

反应生成物 $^{30}_{15}P$ 是磷的一种同位素, 它有放射性, 像天然放射性一样发生衰变, 放出正电子. $^{30}_{15}P$ 的衰变反应可写成

$$^{30}_{15}P \longrightarrow ^{30}_{14}Si + ^{0}_{1}e$$

这是人类历史上一次伟大的发现——第一次用人工的方法获得了放

射性元素.

1934年1月,约里奥·居里夫妇在发表的文章中写到:"概括起来说,现在第一次可以利用一种外源,使某些原子核具有放射性.这种放射性在激发它的辐射源撤离后,仍可持续一段时间.类似我们观察到的寿命长的放射性的 $^{13}_{7}N$ 的原子核,就可以用氘核轰击碳放出一个中子后产生出来."

(该反应式为

$$^{2}_{1}H + ^{12}_{6}C \longrightarrow ^{13}_{7}N + ^{1}_{0}n.)$$

一个多月以后,劳伦斯看到了这篇文章,立刻明白了自己实验设计中存在的缺陷,让本来可以属于自己的伟大发现从眼皮底下悄悄地溜走了,他是多么后悔啊!

劳伦斯在实验设计上究竟存在什么缺陷呢?原来劳伦斯为了加快实验速度,把回旋加速器和盖革计数器(一种常用的探测放射性辐射的仪器)共用了一个开关.这样,劳伦斯当然不能知道当回旋加速器关闭后(即撤走辐射源后),放射性现象仍然存在,计数器仍然可以计数.

从思维方法的角度看,劳伦斯实在是一个不高明的研究者.本来,"差异法"是一个判别因果关系的很有用的归纳法,劳伦斯应该把回旋加速器和盖革计数器两个开关分开.当开启回旋加速器(使放射源发出的粒子轰击碳核)和关闭回旋加速器(撤走放射源)后,观察计数器的变化,用"差异法"去分析"有放射源"和"撤走放射源"两种情况下出现的不同现象,这样自然就可以发现人工放射性了.

而现在,劳伦斯把两个开关合二为一.开关接通时,计数器有反应(正面场合);开关关闭后,计数器无反应(反面场合).而反面场合与正面场合相比,发生了**两个变化**:加速器、计数器均停止工作,因此,无法判断计数器无反应是由加速器停止工作引起的,还是由计数器停止工作引起的.劳伦斯在这里违反了"差异法"判断因果关系的一个原则——正面场合与反面场合相比,**只能有一点不同**,否则就无法判断因果关系.

看了约里奥·居里夫妇的文章后,劳伦斯立即改变接线线路,让回旋加速器和盖革计数器各自独立工作,然后,把一块碳靶放在粒子流必经之处.当回旋加速器运转了一会儿停止后,盖革计数器还在"咔嗒!……咔嗒!……咔嗒!"地响个不停.正如约里奥·居里夫妇所预言的那样,$^{13}_{7}N$ 竟如此容易地出现了!

劳伦斯的学生与助手利文斯顿(M. S. Livingston)说:"这个'咔嗒'、'咔嗒'的声音,当时在场的是不会有一个人忘记的."另一位助手摇头叹息道:"我们都是一群傻瓜!我们早就应该轻而易举做出这一发现!"

的确如此,一年多以来,他们经常轰击碳,但由于线路的失误,居然轻而易举地把这个可以获得诺贝尔奖的发现让约里奥·居里夫妇在条件差得多的情况下夺走了,利文斯顿悔恨地说:"我们当时真想打大家的屁股!"

(3) 契合差异并用法

如果在出现所研究现象的几个场合中,都存在一个共同的情况,而在所研究的现象不出现的几个场合中,都没有这个情况,那么,这个情况与所研究的现象之间就有因果关系.

这一方法表示如下:

	情况	现象
正面场合	$A、B、C$	a
	$A、D、E$	a
	$A、F、G$	a
	……	

$$\text{反面场合}\begin{cases}\text{—、}H\text{、}I\text{ —}\\ \text{—、}J\text{、}K\text{ —}\\ \text{—、}L\text{、}M\text{ —}\\ \cdots\cdots\end{cases}$$

所以，A 与 a 之间有因果关系.

例如：① 敲锣发声时，用手指接触锣面，会感觉锣面在振动；② 在锣不发声时，手指接触锣面，不会感到锣面振动；③ 人说话时，用手去摸咽喉，会感到振动；④ 反之，咽喉停止振动；⑤ 用琴弓拉琴弦发声时，让纸条与发声的弦接触，纸条即跳动起来；⑥ 反之，纸条则不跳动.

这些例子中有六个场合，其中三个正面场合有振动的情况，因而出现声音现象；另三个反面场合无振动的情况，因而不出现声音现象.根据"契合差异并用法"，我们可以得出结论：振动是产生声音的原因.

法拉第电磁感应定律的发现——"契合差异并用法"的应用

磁与电是人们早已发现的自然现象，而且很早以前，人们就注意到这两种现象可能存在某种联系：古代的水手们不止一次地看到，打雷时，罗盘的磁针会转动；17 世纪的一天，雷电击中了一家制造皮鞋的作坊，事后人们发现作坊内的铁钉、铁针都具有了磁性，粘到铁锤上去了……但是，长期以来，人们仍把电和磁当作两个平行的课题分别进行研究.直到 1820 年 7 月奥斯特(H. C. Oersted，丹麦，1777～1851)发现了电流的磁效应后，人们才把电和磁当作一个整体对待.

奥斯特的论文发表以后，在科学界引起了强烈的反响，科学家们纷纷探讨它的逆效应：磁能生电吗？

1822 年，英国科学家法拉第(M. Faraday，1791～1867)在日记中写下了一个崭新的课题："把磁转化为电".他想：地球本身就是一个

1 由特殊到一般的思维方法——归纳法

大磁体,如果磁能生电,那么就能源源不断地产生电力,这比从昂贵的伏打电池中产生电流要好多了.1824年他开始研究这个课题,起初,他想得很简单:把磁铁静置在线圈内,结果没有电流产生;他又改用强大的磁铁,多次改变导线与磁铁的位置,仍没有电流产生;他又不断更新各种形状的磁铁,结果一直未获成功.多次失败,并未使他灰心.他艰苦地探索着,"把磁变为电"的想法一直萦绕在他的脑际,为此他断断续续持续工作了十年之久.

1831年8月29日上午,因连续辛勤工作而日益消瘦的法拉第,穿着他那件像打杂工人穿的旧外套向实验室匆匆走去,像往常一样开始了他的实验.他的实验装置如图1.13所示.他做了一个圆铁环,上面绕了 A、B 两组线圈.B 组线圈为两股线,A 组为三股线.他用一根较长的铜导线将 B 边线圈的两端连接起来,铜钱的一段置于离铁环三英尺(1英尺 $=0.3048$ 米)远处的一个小磁针的上方,然后他把 A 线圈的一股与电池组连接起来,就在这一瞬间,小磁针发生了转动!

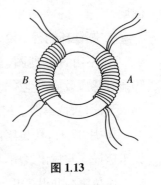

图 1.13

在断开 A 线圈与电池组连接的瞬间,磁针又发生了转动.法拉第又把 A 边的三股铜线接成一单股线圈,再做实验,发现现象要比前次强得多(图1.14、图1.15).

法拉第是多么地兴奋啊!他万万没有想到,电磁感应竟是一种**暂态**效应!即初级电流**变化**时才能在次级激起感应电流.而他原来设想电磁感应也应该如同奥斯特发现的电流的磁效应一样,是一种稳态效应.因此,十年来,他循着这种思路进行实验,耗费了不少宝贵的精力.

归纳与演绎
GUINA YU YANYI

图 1.14　法拉第

图 1.15　法拉第线圈

法拉第在圆环实验的基础上，进一步提出了两个极有见地的问题：

① 圆铁环能否不要，仍能在 B 线圈中感应出电流？

② 不用 A 边线圈，直接用磁铁相对于 B 边运动，B 边线圈是否仍能有感应效应产生？

为此，法拉第做了相应的实验，答案是肯定的.

10月17日，法拉第用一线圈与电流计相连接，然后将一永久磁铁迅速插入与拔出线圈，发现电流计指针也会偏转.

法拉第一共做了几十个实验，最终认识到感应现象的暂态性. 他提出了只有在静止导线中电流变化时，才能在另一根静止导线中感应出电流，而导线中的稳恒电流是不可能在另一静止导线中感应出电流的.

法拉第为了探讨电磁感应的规律，提出了"场"的概念. 他认为电与磁的周围有一种"场"存在，电磁的作用是通过电场或磁场进行的，为了定量地表述电磁感应定律，他用磁力线来表示磁力状态. 他设想一种曲线，它的任意一点的切线方向都和磁力在这一点的方向一致，这种曲线就是磁力线，磁力线可以充满整个空间.

牛顿认为力与空间无关，而法拉第则认为力是空间的属性，正如麦克斯韦（J. C. Maxwell，英国，1831～1879）所说："在数学家们只看到远距作用引力中心的地方,在法拉第的心目中却出现了贯穿整个空间的力线."

法拉第把产生感应电流的情形概括为五类:① 变化着的电流;② 变化着的磁场;③ 运动着的稳恒电流;④ 运动着的磁铁;⑤ 在磁场中运动着的导体.他正确地指出感应电流与原电流的变化有关,而与原电流本身无关.法拉第把上述现象定名为"电磁感应".

法拉第分析了自己做的许多实验,发现在凡出现电磁感应现象的情况下,在闭合的线圈中磁力线的通量都发生了变化;凡是不产生电磁感应现象时,通过闭合线圈的磁力线的通量并不变化,而电磁感应现象的强弱,取决于磁通量变化的剧烈程度.为此,他总结出电磁感应现象的规律——"不论金属线是沿直线还是沿斜线切割磁力线运动,也不论是向这个方向还是向那个方向运动,电动势的总量可由被切割的磁力线条数来表示".也可以说,感应电动势正比于每秒钟被金属线切割的磁力线条数(即正比于磁通量的变化率),这就是电磁感应定律的定量化的最基本的表达式.

从思维方法的角度看,法拉第总结电磁感应定律,采用了契合差异并用法,即凡有电磁感应现象出现的场合(正面场合),都存在磁通量变化的情况;凡无电磁感应现象出现的场合(反面场合),都无磁通量变化的情况.因此,磁通量的变化是产生感应电流的原因.

法拉第发现了电磁感应定律,制成了世界上第一台发电机;他提出了场的概念,为电磁理论奠定了基础.法拉第一生致力于科学研究,勤奋踏实,一丝不苟,谦虚谨慎,从不炫耀自己.他成名以后,世界各国赠给他的各种学位、头衔多达 94 个,而他却把所有的荣誉奖章都收藏起来,连最亲近的朋友都未见过.1867 年 8 月 25 日,为科学事业辛劳一生的法拉第,在他的座椅上静静地与世长辞.他在科学研究方面的伟大成果永恒地留给了后人.

今天,当我们在夜晚面对万家灯火的灿烂夜景时,当我们坐在电视机前欣赏着由电磁波载来的动人画面时,我们不能不对这位先辈科学家油然而生敬意.

(4) 共变法

如果每当某一现象发生一定程度的变化时,另一现象也随之发生一定程度的变化,那么,这两个现象之间有因果关系.

设 $A_1, A_2, A_3, \cdots$ 是现象 A 的不同状态;$a_1, a_2, a_3, \cdots$ 是另一现象 a 的不同状态.共变法可表示如下:

	情况	现象
场合(1)	A_1、B、C	a_1
场合(2)	A_2、B、C	a_2
场合(3)	A_3、B、C	a_3

……

所以,A 与 a 有因果关系.

例如,科学家发现,地球磁场除了有规则的昼夜变化之外,还有十年左右的周期性的磁暴发生.又发现,磁暴的周期性经常与太阳黑子的周期(即两次黑子出现达到高峰之间的时期)相合.同时,随着太阳上黑子数目的增加,磁暴的强烈程度也增大;太阳黑子数目减少时,磁暴的强烈程度也随之减小.因此,科学家们提出假说:太阳黑子的出现是磁暴的原因.显然,这里用了共变法.

物理学的许多规律,都是用共变法归纳出来的.例如,法国物理学家盖·吕萨克(Gay‐Lussac,1778~1850)根据多次实验发现:一定量的气体在压强不变的情况下,温度增加,其体积也随之增加,体积与其热力学温度成正比;反之,体积随温度的减小而减小,这就是著名的盖·吕萨克定律.英国物理学家玻意耳(R. Boyle,1627~1691)和法国物理学家马略特(E. Mariotte,1620~1684)各自独立地发现:一定质量的气体,在温度不变的情况下,如果气体压强增大则体积变小;反之,若气体压强变小则体积增大,这就是著名的玻—马定律.

时钟变慢与地球不圆——"共变法"的一次应用

  1672年,有一位法国的天文学家从法国出发,到赤道地区进行天文观察.他带去一个时钟,这个时钟在启程时调得非常准确,可到了赤道地区以后,时钟变慢了,而且慢得很有规律——每昼夜慢两分半钟.于是他调整摆长,使时钟恢复准确.可是,回到巴黎以后,那台调整后的时钟又走快了.他经过深入研究,领悟到产生这个现象的原因是赤道地区的重力加速度比巴黎小的缘故.这里实际上是应用"共变法"进行了因果分析.同一个时钟从巴黎移至赤道,所有的情况未变,只有地点变了(重力加速度变化了),而钟摆摆动周期也随之而变,重力加速度的改变是钟摆摆动周期发生变化的原因.

  牛顿当时正在研究万有引力,这位天文学家的发现给了他以启发.牛顿进一步设想:地球上不同的地区重力加速度不同的原因可能是地球形状不是正球而是椭球,赤道半径比极半径大一些的缘故.牛顿进而从理论上计算了地球形状的有关参数.牛顿大胆的推断和计算震动了当时的科学界.牛顿关于地球形状的推测,为后人的精密测量所证实.这个事实使万有引力定律第一次经受住了实践的检验.

同向共变和异向共变

  像盖·吕萨克定律这样,一个量随另一个量的增加而增加的共变关系称为同向共变;像玻—马定律这样,一个量随另一个量的增加而减小的共变关系称为异向共变.当然,也有这样的情况——既是同向共变,又是异向共变:如果原因作用量一直在增加,其结果量在一定的时间、地点、场合下增加;而越过某转折点以后即减小,反之亦然.例如,斜抛物体的运动射程,在初速度不变的条件下,起初,随抛射角的增大而增大,越过45°以后,则随抛射角的增大而减小.在这种情况下,必须找出同向共变向异向共变转折的转折点,才能真正弄清因果关系的内在规律性.

应用共变法时应使用"单因素分析法"

应用共变法时,只能有一个现象变化而另一个现象随之变化,其他现象应保持不变(这也叫单因素分析法).如果还有其他现象在变化,那么,应用共变法往往会得出错误的结论.例如,对一定质量的理想气体,在提高温度的同时增大压强,结果体积缩小,如果我们忽略压强增大的因素,而认为温度升高是体积缩小的原因,这就误用了共变法.

因此,在研究一定质量的理想气体三个状态量之间的关系时,我们往往控制一个量不变,去研究另外两个量变化的因果关系,如保持温度 T 不变,体积 V 随压强 p 的增大而减小(玻意耳定律);保持 V 不变,p 随 T 的增大而增大(查理定律);保持 p 不变,V 随 T 的增大而增大(盖·吕萨克定律).在研究牛顿第二定律时,也是控制质量 m(或力 F)不变,去研究加速度 a 与 F(或 m)之间的共变关系.

使用共变法的优越性

前面讲过的三种方法,即契合法、差异法、契合差异并用法,都是从情况出现与不出现来判明因果关系的.共变法却是从现象变化的数量或程度来判明因果关系的.因此,在应用共变法时是可以度量的,可以得出表示原因和结果的两个量之间的函数关系,因而共变法有较大的可靠性.

共变法还有一个优点,就是当有些现象无法消除(或不易消除),我们研究这些现象之间的因果关系时,显然是不能用差异法的,因为差异法要求消除这些现象.当不能消除(或不易消除)的现象比较多的时候,甚至不能使用契合法.但是,在上述情况下,我们却可以应用共变法,使那些不能消除或不易消除的现象发生数量上的变化,从而判明它们之间的因果关系.

例如,对于牛顿第一定律,即运动物体如果不受阻力作用则做匀速直线运动,虽然我们不能用契合法也不能用差异法来证明,因为阻力这个因素根本无法去掉.但是,我们却可以用共变法来加以证明.

我们可以设计这样一个实验,在水平面上以某一初速度滑出一个物体,因为阻力的作用,该物体滑行一段距离而停止.保持初速度不变,让阻力一次次减小,则滑行距离越来越大.从这里可以得出一种因果关系:物体之所以减速,原因是阻力的存在,随着阻力的减小,减速的程度越来越小.因此,在无阻力的情况下,物体应不减小速度,即做匀速直线运动.

(5) 剩余法

如果已知某一复合现象是另一复合现象的原因,同时又已知前一现象中的**某一部分**是后一现象中的**某一部分**的原因,那么,前一现象的**其余部分**是后一现象的**其余部分**的原因.

剩余法可表示如下:

A、B、C、D 是 a、b、c、d 的原因;

B 是 b 的原因;

C 是 c 的原因;

D 是 d 的原因;

所以,A 是 a 的原因.

在物理学发展史中,应用"剩余法"做出科学发现是不乏其例的.

海王星的发现——"剩余法"应用例1

"除了一支笔、一瓶墨水和一张纸以外,再不凭任何别的武器,就预言一个未知的极其遥远的星球,并能够对一个天文观测者说,把你的望远镜在某个时间瞄准某个方向,你将会看到人们过去从不知道的一颗新行星——这样的事情无论什么时候都是极其引人入胜的……"这是科学家洛奇的话.

下面,我们就听一听这个引人入胜的故事吧.

在1781年发现太阳系的第七大行星——天王星后,天文学家们遇到了一个使他们感到困惑的现象,这就是其他六大行星(金星、木星、水星、火星、土星、地球)的运行轨道都完全与根据万有引力定律计算的结果相符,唯独这颗新发现的行星经常出现"越轨行动".

既然天王星的运动是太阳和太阳系诸行星对它引力作用的共同结果,而除去太阳和其他六大行星对它的作用引起的运动外,还有一部分运动没有找到原因,那么,按照剩余法,这一部分的原因只能是另外未发现的未知行星对它的作用.

为了寻找这颗未知行星,23岁的大学生亚当斯(J. C. Adams, 1819~1892)进行了三年的计算,得出了结果.1845年10月,他请剑桥大学教授分别将结果送给格林尼治天文台台长和剑桥大学天文台台长,请他们用天文望远镜在他预言的位置上寻找这颗新星.但是,亚当斯这个无名小辈的看法没有引起权威们的重视,他的计算结果被弃之不理.

几乎在同一时期,法国的勒维烈(U. J. J. Levérrier,1811~1877)也通过计算找到了这颗行星的位置.1846年9月18日,他写信给柏林天文台观察家伽勒(J. G. Galle,1812~1910),请他在指定的位置观察这颗行星.9月23日,伽勒在收到来信的当晚就在指定位置看到了这颗新发现的行星——海王星,仅仅用了不到30分钟的时间!

海王星的发现,是万有引力定律的伟大胜利.从思维方法上讲,也是"剩余法"这种判断因果关系的归纳法应用的结果.恩格斯高度评价这一发现,他说:"哥白尼的太阳系学说有三百年之久,一直是一种假说.这个假说尽管有百分之九十九、百分之九十九点九、百分之九十九点九九的可靠性,但毕竟是一种假说;而当勒维烈从这个太阳系学说所提供的数据,不仅推算出一定还存在一个尚未知道的行星,而且还推算出这个行星在太空中的位置的时候,当后来伽勒确实发现了这颗行星的时候,哥白尼的学说就被证实了."

居里夫人发现镭——"剩余法"应用例 2

1896 年,贝克勒尔发现了铀的放射性现象,但并未引起整个科学界的关注,因为贝克勒尔的研究仅局限于铀,因此,之后的进展也不大.正当放射性研究处于徘徊不前的状况时,居里夫妇却以极大的热情投入到这个领域的研究中去.

居里夫人猜想,是否除铀以外还有什么元素也具有放射性?它利用居里(Pierre Curie,1859~1906)制作的象限静电计进行了精密的电流测量,发现除铀以外,钍也有放射性.

图 1.16 居里夫人像

居里夫人(图 1.16)用放射线引起空气电离的强弱程度来度量放射性的强弱,发现一个重要规律:铀或钍的化合物的放射性强度只与化合物中铀或钍的含量成比例,所含的铀或钍越多,放射性就越强,但与它的化合情形和物理状态毫无关系.因此,居里夫人得出结论:放射性是**原子的一种特性**.

居里夫人进一步检验了各种复杂矿物的放射性强度,发现一些沥青铀矿的放射性要比纯粹的氧化铀强烈四倍之多.起初,居里夫人怀疑自己是否测量错了,但经过反复实验,结论是相同的.这使得她相信这个结论是可靠的.为了解释这种现象,她设想:除了铀以外,这些矿物中,必定还有一种新的放射性元素存在,其放射能力比已知的铀或钍要强得多.

在这里,显然居里夫人应用了"剩余法":放射性元素的存在是产生射线的原因,而铀是产生**一部分**射线的原因,则**另一部分**放射线一定是由某种尚未测知的放射性元素引起的.

为了寻找这种稀罕的元素,居里夫人废寝忘食、昼夜不停地工作,终于从一二百千克的原料中提炼出几十克的硫化铋相混合的东西,再将硫化铋在真空中加热到 700 ℃,找到了升华物,它的放射性

比铀强 400 多倍！于是，他们在 1898 年 7 月 18 日向法国科学院报告了新元素的发现，出于对祖国深沉的感情，他们说："假使这新元素的存在将来能证实的话，我们想叫它'钋'，用以纪念我俩中一人的祖国——波兰."

几个月以后，居里夫人又用类似的方法发现了另一种放射性比铀要强很多倍的元素——镭. 短短的几个月内，居里夫妇发现了两种新元素——钋和镭，引起了物理学界的轰动. 为了提炼出纯镭，居里夫妇从 1899 年至 1902 年花了整整三年半的时间，终于分离出了 0.12 克纯氯化镭，测出了镭的原子量为 225，放射性比铀强 250 万倍. 他们又花了三年功夫，提炼出金属镭，使科学界对镭的存在深信不疑.

居里夫人在破烂的棚子里，在极其简陋的条件下，从几吨矿石残渣中提炼出零点几克镭，需要多么艰苦的劳动！在极端艰苦的条件下，居里夫妇互相安慰、互相鼓励. 居里夫人常回忆说，那几年是她毕生最快乐的时期，那破陋的小棚是她回忆中最甜蜜的所在.

更令人敬佩的是，居里夫妇发现了镭，但他们放弃了专利. 居里夫人说："镭不应当成为任何人发财致富的工具. 镭是元素，它属于全世界！"因此，爱因斯坦（A. Einstein, 1879~1955）说："在所有著名人物中，居里夫人是唯一不为荣誉所颠倒的人."

居里夫人以毕生心血换来的放射性科研成果，成为今天治疗癌症的手段之一，拯救着千千万万个癌症患者的生命. 可她自己，却因过多地接触放射性物质而严重地损害了健康. 晚年的居里夫人身体虚弱，脸色苍白，她被放射性灼伤的手，用绷带包扎着，神经性地抽搐着. 最后，她死于受放射线损害而引起的许多种症状之一——再生障碍性贫血.

居里夫人为人类无私地奉献了自己的一切，她是最受人敬仰的科学家之一.

1 由特殊到一般的思维方法——归纳法

(6) 归纳五法的综合运用

人们在研究物理规律时,往往不是仅用一种判断因果关系的归纳法,而是综合使用几种归纳方法.前面我们已经介绍过物理学家们是如何应用"差异法"发现光电效应的,下面我们再看一看物理学家们又是用什么方法来研究光电效应规律的.

以光电效应规律的研究为例,看穆勒五法的综合应用

光电效应规律的研究主要是由德国的物理学家勒纳德(P. Lenard, 1862～1947)完成的.早在1889年,他就开始做一些简单的光电效应实验.1897年,J. J. 汤姆孙(J. J. Thomson, 1856～1940)发现电子以后,勒纳德在1902年证明了光电效应中发射的负电荷是电子,他还做了一系列实验,从实验中寻找光电效应的规律,其装置如图 1.17 所示,当入射光射到清洁的金属表面(阴极 C)时,就有电子发射出来;若有些电子射到阳极 A 上,外电路就有电流通过.阳极相对于阴极的电势可正可负,以使达到阳极的电子数增加或减少.

图 1.18 表示两种程度不同的同频率的单色光 a 和 b 照射到阴极 C 上时测得的电流与电压的关系图线.改变电压 V,光电流大小随之改变,这里是用"**共变法**"

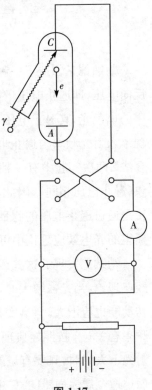

图 1.17

研究电压、电流的因果关系,电流随电压的增大而增大,这是一种"**同向共变**"的关系;当电压足够大时,电流达到饱和,其值不变,这种"共变关系"结束.

但不同的入射光强对应不同的饱和电流,饱和电流的大小与入射光强成正比——这是勒纳德发现的又一种"**共变关系**".

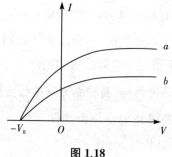

图 1.18

勒纳德又创造了一种测光电子最大初速度的方法,他对电路加反向电压(即遏止电压$-V_0$),使光电流为零.发现不同强度的同种频率的单色光,其遏止电压相同,即电子逸出的最大初速度相同,他发现了入射光频率与遏止电压有因果关系.这里,勒纳德又应用了"契合法".两次实验中有一种情况相同(入射光频率同),出现了同一现象(遏止电压相同),因此,入射光频率与遏止电压有因果关系.人们正是通过遏止电压的测量去推算入射光频率的(关于这一点,在爱因斯坦的光电效应理论中可以得到解释).

勒纳德发现的这些因果关系,用经典理论是无法解释的:① 按经典理论,当光强增大时,作用在电子上的力也增大,因此光电子的初动能也应增大,但事实是光电子的初动能与入射光强无关而仅与频率有关;② 按照经典理论,光是一种电磁波,其能量是连续的.当入射光不太强时,只要有足够长的时间积累,电子也能达到一定的能量而逃逸金属表面.但事实并非如此:要么一经照射就立即有电子逸出金属表面,无需延迟时间(至多 10^{-9} 秒);要么无论光照射多久,电子都无法逸出金属表面.

光电效应现象使经典电磁理论陷入困境,给物理学晴朗的天空增添了一朵乌云.年轻的爱因斯坦在普朗克(M. Planck,1858~1947)

能量子假设的基础上提出了光量子假设,他认为光的能量不是连续的,而是一份一份的.每一份量子(光子)的能量为 $h\nu$,h 为普朗克常量,ν 为光的频率,光照射到金属板上以后,电子接收光子的能量,逸出金属表面,其最大初动能为

$$\frac{1}{2}mv^2 = h\nu - W$$

其中,W 为该金属的逸出功.

显然,电子逸出后的最大初动能仅与光的频率有关.

遏止电压与最大初动能有如下关系:

$$eU_0 = \frac{1}{2}mv^2$$

也可以说,遏止电压仅与入射光频率有关,这是符合实验事实的(见图 1.18).

爱因斯坦光量子说的提出,虽然能完满地解释光电效应的规律,但毕竟只能称为假说.这个假说刚提出时,没有立即得到人们的认可.它受到的怀疑甚至超过了同一年(1905 年)爱因斯坦提出的狭义相对论受到的怀疑.甚至连提出量子概念的普朗克本人也表示不相信,这一方面是由于人们受传统观念的束缚,另一方面是爱因斯坦的假说尚未得到全面的验证.

历史往往是很有趣的,关于爱因斯坦光电效应理论的实验验证却是由这个理论的激烈反对者完成的.

从反对派到支持者——密立根对爱因斯坦光电效应理论的实验验证

关于光子说的实验验证要归功于美国的物理学家密立根(R. A. Millikan,1868~1953).密立根起初是爱因斯坦光子理论的激烈反对者,他做实验的目的是彻底否定爱因斯坦"关于能量为 $h\nu$ 的光微粒假说".他认为爱因斯坦的光量子理论是一种"不可思议的"、"大胆的"和"粗枝大叶"的学说.作为一个正统的光的波动说的拥护者,密

立根要求人们:"抛弃这种学说吧!"

密立根是 1912 年正式开始这项工作的.但是,经过三年的艰苦工作,密立根不仅没有能够否定爱因斯坦的理论,相反,他的实验竟然成了证实爱因斯坦理论的强大实验基础.1916 年,密立根曾在一篇文章中写道:"我有时想,我有与那个方程不相容的证据,但当我工作的时间越长,以及我排除错误的来源越彻底,我发现那个方程越能够更好地预言观察的结果."

根据爱因斯坦方程:

$$\frac{1}{2}mv^2 = h\nu - W$$

令 $W = h\nu_0$(ν_0 称为极限频率,即引起光电效应的入射光的最小频率),则

$$\frac{1}{2}mv^2 = h\nu - h\nu_0$$

又考虑到 $\frac{1}{2}mv^2 = eU_0$(U_0 为遏止电压),可得

$$U_0 = \left(\frac{h}{e}\right)(\nu - \nu_0)$$

密立根由精确的实验得到遏止电压 U_0 与入射光频率 ν 的图线.其线性关系极好,如图 1.19 所示.

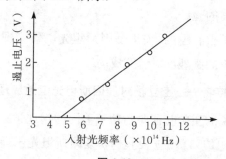

图 1.19

由斜率 h/e 的值,以及密立根用著名的油滴实验测得的电子电量 e 的值,可以算出普朗克常量的值 $h = 6.56 \times 10^{-34}$ J·s.这是当时

所能得到的 h 的最好测量值.

密立根在事实面前服从真理,反过来宣布爱因斯坦光电效应方程得到了证实,这是值得后人学习的.

由于对光电效应及测量基元电荷的出色研究,他获得了1923年诺贝尔物理学奖.而爱因斯坦的光量子说经过密立根实验的检验以后,才成为物理学界所公认的科学理论.

1.4 归纳法在科学认识中的作用

(1) 从经验事实中找出普遍特征

任何一门自然科学在其发展历程中,都有一个积累经验材料的时期.物理学家初步的而又最基本的工作就是从大量的观察、实验所获得的材料中,总结和发现规律.牛顿十分推崇归纳法,他说:"在实验中各个定理都是从现象中推论出来的,然后再通过归纳而成为普遍的原理."爱因斯坦也说过:"科学家必须在庞杂的经验事实中,抓住某些可用精密公式来表示的普遍特征,由此探求自然界的普遍真理."归纳法正是从经验事实中找出普遍特征的认识方法,即从个别到一般的方法.许多经验定律和经验公式都是应用归纳法总结出来的.请看下面的例子.

天文学中波得定律的发现

波得(J. E. Bode,1747~1826)是德国的天文学家,他应用"归纳法"发现了太阳与行星的平均距离的经验公式——波得定律(或称提丢斯—波得定则).这一定则可表述于下:

写出数列 0,3,6,12,24,…,在每个数上加上4,并把所得结果除以10,若用天文单位*表示,则前面的七个答案(0.4,0.7,1.0,1.6,

---

* 天文单位——日地距离,符号为 a.u.或 A.

2.8,5.2,10.0)有六个非常接近提丢斯时代所知的六个行星(水星、金星、地球、火星、木星和土星)到太阳的距离,在距太阳2.8个天文单位处(也就是在火星和木星之间),后来又发现了小行星.

在物理学发展史中,许多经验公式的得出,都是应用了归纳法.例如表征氢光谱规律的巴尔末公式(详见本丛书《分析与综合》一册),关于气体压强、体积和温度的三个实验定律——玻意耳定律、盖·吕萨克定律、查理定律以及法拉第电磁感应定律等的发现,都是和归纳法分不开的.

(2) 从少量事实的考察中看出真理的端倪,受到启发,提出假设和猜想

物理学中,卢瑟福从α粒子散射实验这个个别事实得到启发,提出原子核式结构模型的假说;伦福德(C. Rumford,1753~1814)根据钻头钻炮筒产生大量热量使水沸腾这样一些个别事实,否定了"热质说",提出了"热动说"的假说;迈耳(R. Mayer,1814~1878)随船从医,发现船员进入热带后,血液比在欧洲时更红,他根据这样一些个别事实,联想到食物的化学能与热能的转换问题,最早提出能量守恒和转化定律……这些都是运用归纳法提出猜想和假说的生动的例子*.这些猜想和假说经过大量实践的检验之后都发展成为科学的理论.

从个别事实的考察中看出真理的端倪从而做出假设的,在科学史上还有许多精彩的实例.

哥德巴赫猜想的提出

在数学中,著名的哥德巴赫猜想就是根据个别事物的考察,用不完全归纳法提出来的.

1742年,德国数学家哥德巴赫(C. Goldbach,1690~1764)发现:

$$77=53+17+7$$
$$461=449+7+5=257+199+5$$

---

* 参见本丛书《模型》《猜想与假设》《守恒》等册.

……

从这些例子可以看出:每次相加的三个数都是素数,于是他提出一个猜想:所有大于5的奇数都可以分解为三个素数之和.他把这个猜想写信告诉欧拉(L. Euler,1707~1783),并补充提出:4以后每个偶数都可以分解为两个素数之和,前一命题可以从这个命题中得到证明,这两个命题后来就合称为哥德巴赫猜想.

在哥德巴赫之后,有人曾对33 000 000以下的所有偶数都一一做了验算,都符合规律:4以后的每个偶数都可以分解为两个素数之和.当然,不管付出多少艰巨劳动,都无法证明其普遍的有效性.但是,这个猜想,作为一个数学假设,在促进数学家们去寻求它的数学证明的道路上,实际上推动了数论的发展.

从蚯蚓的分布到大陆漂移说

100多年前,一位生物学家调查了蚯蚓在地球上的分布情况.他看到,美国东海岸有一种正蚯蚓,而欧洲西海岸同纬度的地区也有正蚯蚓,在美国的西海岸却没有这种蚯蚓,这是为什么?他无法解释.这位生物学家的论文引起了德国地质学家魏格纳(A. L. Wegener,1880~1930)的注意.当时他正在研究大陆和海洋的起源问题.他认为那小小的蚯蚓活动能力有限,无法横渡大洋.这种情况正是说明了欧洲大陆与美洲大陆本来是连在一起的,后来裂开了,分为两个洲.他把蚯蚓的地理分布作为例证之一,写进了他的名著《大陆和海洋的起源》一书中.魏格纳从蚯蚓的分布,推论出地球上大陆和海洋的形成,也是从个别事实看出真理的端倪,受到启发,从而提出假设和猜想的生动例子.

(3) 归纳法对实验的指导意义

在科学实验中,人们为了寻求因果关系,必须恰当地安排实验,使之合理有效.这时,必须参照判断因果关系的穆勒五法去设计一些重复性的实验,考察实验条件与研究对象之间是否有同一关系(同时

出现),人为地改变一些实验条件,再观察条件与结果是否有共变关系、差异关系等.例如,当我们在安排研究牛顿第二定律实验时,要考察:物体的加速度和哪些因素有关?有什么关系?为此,我们可以设计两组实验,一组固定物体的质量不变,改变作用力以测量加速度和作用力的关系;另一组固定作用力不变,改变物体质量以测量加速度与质量的关系.这是根据"共变法"(单因子分析法)设计的.如果同时改变 F、m,则不能清晰地看出加速度、力、质量之间的因果关系.

又例如,"共变法"要求**某一情况变化引起另一情况随之变化**,而不能有其他情况的变化介入,引起干扰.这在设计实验时应予考虑.

必须纯化实验条件,使实验以简明、确定的方式表现出事物间的因果关系

1799 年,英国科学家戴维(H. Davy,1778～1829)做否定"热质说"的实验时,在真空中用一只钟表机件让两块冰相互摩擦,并把整个仪器放在**温度比冰还要低**的周围环境中,排除了实验物从周围环境中吸热的可能性,使实验在较纯粹的条件下进行,这样,当两块冰相互摩擦后,冰融化了.实验证明,冰融化所需的热量只能来源于摩擦,而不会来源于周围环境,有力地驳斥了"热质说".

美籍华裔物理学家吴健雄为了验证弱相互作用下宇称不守恒这一假设,用钴-60 来做实验.但是,在常温下由于钴-60 本身的热运动,其自旋方向是杂乱无章的,无法进行实验.因此,必须把钴-60 冷却到 0.01 K,使钴核的热运动几乎停止下来,实验中把热运动的干扰尽量排除后,宇称在弱相互作用下不守恒的假设就被证实了.

1.5 归纳法的局限性

归纳法在科学研究中起了巨大的作用,但是,它毕竟不是万能的,也有其局限性,主要表现在以下两方面.

1 由特殊到一般的思维方法——归纳法

(1) 归纳法带有很大的或然性

前面说过,除数学外,其他自然科学中无法使用完全归纳法,即我们不能把某类自然现象一一枚举穷尽.因此,只能根据我们已经掌握的一部分事物的某些属性进行归纳,因此,做出的结论不是完全可靠的,带有很大的或然性.

例如,在常温下,金、银、铜、铁、锡等部分金属都具有固体的特征,可由此归纳出"一切金属都是固体"的一般结论,而实际上还存在着不是固体的金属,例如汞.像这种情况,在逻辑上称为"急遽概括",即只根据某些事实或非本质属性,仓促、轻率地下结论,往往会导致归纳的失败.

恩格斯说:"按照归纳派的意见,归纳法是不会出错误的方法.但事实上,它是很不中用的.甚至是最可靠的结果,每天都被新的发现所推翻."这是因为,对于任何一种自然现象,局限于一种经验的、表面的、现象的归纳方法,当然不能深入地认识其本质.例如,人们在研究燃烧现象的初期提出的燃素说,在研究热现象的初期提出的热质说,在观察天体运动的初期提出的地球中心说,等等,都是人们在对自然现象认识的幼稚阶段,单凭简单的观察经验或直觉而归纳出来的一些错误结论.

牛顿是最伟大的物理学家之一.他具有十分严谨的科学态度和谦逊的美德.他有一段脍炙人口的名言:"我不知道世上的人对我有怎样的看法,但是,就我自己来看,我好像只不过是在海滨玩耍的小孩,不时地为找到一个比通常更为光滑的石子或更好看的贝壳而感到高兴.但是,有待探索的大海正展现在我的眼前."不过,他也有不谨慎、不谦虚的时候,也犯过"急遽概括"的错误.

从有限的事实,轻率地得出普遍结论——牛顿在光学研究中的一次失误

古代的人们很早就接触到各种色彩——霓虹的美丽七色、油膜表面绚丽的彩色花纹……人们很早就注意研究这个问题.古希腊的亚里士多德(Aristotle,公元前384～公元前322)认为:颜色是由白与黑、光明与黑暗按不同比例混合的结果.牛顿的老师巴罗(I. Barrow,1630～1677)则认为白光不同程度的聚和散就形成了不同的颜色.当然,这些看法都是错误的.1666年,牛顿对光的颜色产生了兴趣,开始研究并提出了一些全新的见解.

牛顿之所以对颜色感兴趣,主要原因是他想改进望远镜.因为望远镜有两种缺陷:一种是球面像差,一种是色差.所谓球面像差,是指同一光源发出的近轴光线和远轴光线通过透镜后,由于成像位置不同而使像的边缘呈模糊状(学过高中物理的读者们知道,透镜成像公式是对近轴光线而言的).色差是白光经过透镜后,成像边缘呈彩色模糊状,这种现象是由于同一透镜对不同色光折射率不同造成的.

开普勒(J. Kepler,1571～1630)和笛卡儿(R. Descartes,1596～1650)分别对球面像差进行研究,并且都写了名为《折射光学》的书.牛顿则对色差很感兴趣,下决心要改善这种缺陷.牛顿深知,要想消除色差,必须认真研究颜色理论.

牛顿坚信一切科学的结论都是通过观察和实验归纳出来的,他决心通过实验而不是靠无边无际的假说来认识颜色的本质.

1666年,他买来一块玻璃棱镜,经过一系列实验后,得出如下结论:"光本身是一种折射率不同的光线的复杂混合物."他认为白光通过棱镜后之所以分成红、橙、黄、绿、蓝、靛、紫等色光,是因为白光本来就是由这些色光混合而成的,绝不是无中生有或是由白光改变而成的.

牛顿确立了颜色的理论后,色差的原因也就明白了.如何消除色差呢?牛顿想:如果不同的物质对光具有不同的折射率,那么,色差或许可以通过不同折射率的透镜组合得以消除.为此,他设计了如下实验:在一个注满水的玻璃棱形容器中,放入一个玻璃棱镜,以观察光线通过这种组合棱镜后,是否会发生什么变化.牛顿设想:如果水和玻璃对光具有不同的折射率,那么,这一水和玻璃的组合一定会使折射发生某些变化,牛顿的设想是十分合理的,但牛顿万万没有想到,他所选的玻璃和水**恰好有相同的折射率**,所以,尽管牛顿将这个实验重复了多次,仍然没有发现折射情况有何改变.

本来,牛顿可以更换一些透明物质,再做一些实验.但是,他没有这样做.于是,他犯了一个错误——从个别的事实,轻率地得出一个普遍结论:所有的不同的透明物质都是以相同的方式折射不同的色光.这样,试图用不同的透明介质的组合来解决色差问题当然成为不可能.

如果问题仅仅如此,或许人们还会体谅牛顿的失误.但是,一向十分谨慎、谦虚的牛顿这次却特别地不谨慎、不谦虚.当时,有一位对光学很有兴趣的人,名叫卢斯卡,他重复了牛顿的实验.由于他选的玻璃品种和牛顿选的不同,因此得到了和牛顿大不相同的结果.他十分惊奇,把自己的实验结果告诉了牛顿.牛顿如果谨慎一些,把卢斯卡的实验详细了解一下,就可以发现问题的症结所在.但牛顿坚信自己没错,也不可能错.这样,牛顿就失去了改正错误的机会.

牛顿逝世以后,人们终于弄清了这个问题,明白了不同的透明介质对色光有不同的折射率,并用不同的玻璃制成了消色差的复合透镜(例如用冕牌玻璃、铅玻璃制成的复合透镜可把红光和蓝光聚焦在同一点),这种方法一直沿用至今(图 1.20、图 1.21).

图 1.20　牛顿像

图 1.21　牛顿望远镜

尽管牛顿犯了"急遽概括"的错误,无法解决色差问题,但由于他认为改进折射望远镜无望,反而促使他制成了反射式望远镜,因为光的反射与颜色无关.1672年,牛顿造出了一台反射式望远镜(如图1.22所示),其中有一个抛物镜面M,使天体在管中某点O成像.在光线到达点O以前,被一面置于管轴上的小镜所反射,会聚在管外点O',在这点即可看到天体的像.

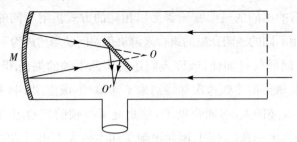

图1.22　牛顿的反射望远镜

今天,世界上各大天文台都装上了大型反射式望远镜,这是长眠在地下的牛顿可以引以自慰的.

(2) 仅仅依靠归纳法,不能揭露事物的深刻本质和规律

归纳法是以直观的感性经验为基础的,因而,它不能揭露事物的深刻本质和规律.恩格斯曾举例说:"观察了蒸汽冲开壶盖之类的事实以后,可以归纳出热运动转化为机械运动的结论,人们甚至可以根据这种认识造出蒸汽机来.可是,对此深刻的原因,即使观察了十万部蒸汽机,我们也无法归纳出一个结论来回答这个问题."所以,恩格斯又说:"我们用世界上一切归纳法都永远不能把归纳过程弄清楚."

实际上,很少有一种具体的认识过程绝对地只使用一种逻辑思维方法,各种逻辑思维方法往往是互为补充、交替使用的.例如,对于上述例子中蒸汽机工作的深刻本质的认识,不能仅仅靠现象的归纳,还要提出假说,通过演绎思维,建立起分子动理论,才能深刻认识蒸汽机工作的本质.

2 由一般到特殊的思维方法——演绎法

 2.1 什么是演绎法

和归纳法相反,演绎是从一般到个别的推理方法.作为出发点的一般性判断称为"大前提",作为演绎中介的判断称为"小前提",把由"大前提"和"小前提"推演出来的结果称为演绎的结论.演绎推理的主要形式就是由大前提、小前提、结论组成的"三段论".

让我们从一个小故事说起吧!

法国的动物学家居维叶(G. B. Cuvier,1769～1832)的一个顽皮学生曾装扮成一个怪兽去吓唬午睡的老师.居维叶被吵醒后,睡眼惺忪中看到一只"怪兽"正在把有角的头以及两只蹄子伸进卧室窗口,还不时发出怪叫声,一副张牙舞爪的样子,居维叶定眼一看,然后又满不在乎地继续入睡了.那个装成怪兽的学生很惊奇:"老师并不知道我在恶作剧,可他为什么不怕呢?"带着这个问题,他请教了老师.居维叶说:"有蹄有角的动物都是只吃植物不吃动物的,我才不怕呢!"实际上,居维叶在定眼看"怪兽"时,心中已做了演绎推理,已完成了两个"三段论":

① 大前提:凡有蹄有角的动物是不吃人(不食肉)的动物;

小前提:我见到的是有蹄有角的动物;

结论:我遇见的动物是不吃人的.

② 大前提：不吃人的动物不必害怕；

小前提：我见到的是不吃人的动物；

结论：我不必害怕.

下面，让我们再看一个物理学史中运用演绎推理取得成功的例子.

中微子的发现——演绎推理的实例之一

1914 年，人们发现，在 β 衰变中，能量总有某些程度的损失，这就产生了一个严重问题——在 β 衰变中，能量守恒是否仍成立？物理学家们面临两种选择：要么放弃能量守恒定律；要么坚持能量守恒定律，寻找在 β 衰变中产生的人们尚不知道的一种粒子，是它带走了一部分能量.

玻尔（N. Bohr, 1885～1962）是一位不承认光量子说的物理学家，有一个时期他也主张放弃能量守恒定律，他认为：能量守恒定律只是在总体上成立，即在大量的事件的统计平均的意义上保持宏观上的守恒；而在每一个微观事件中，例如在 β 衰变中，能量守恒不再成立.

1930 年，泡利（W. Pauli, 1900～1958）提出了与玻尔相反的看法，他相信能量守恒定律是普遍成立的，之所以人们在 β 衰变中发现能量"亏损"，是因为在 β 衰变中除放出电子以外，还放出了其他一种人们尚不知道的粒子，是这种粒子带走了能量.泡利把这种粒子描述成一个没有电荷，自旋为 $h/2$ 的中性粒子，这样，既满足了能量守恒，又满足了自旋的要求.

以后，费米（E. Fermi, 1901～1954）采用泡利的建议，把这种中性粒子称为"中微子"，很快建立了 β 衰变理论.中微子不带电，只参与弱相互作用，穿透能力极强，所以在实验中很难发现它的存在.直到 1955 年，美国的莱因斯（F. Reines, 1918～1998）和考恩（C. L. Cowan, 1919～1974）才在实验中证实了中微子的存在.

因此,我们可以说,中微子的发现是能量守恒定律的辉煌例证,也是进行演绎推理的结果.这个演绎推理的大前提是"一切物质运动过程中能量都守恒";小前提是"β衰变是一种物质运动过程";结论是"β衰变中能量守恒".

2.2 演绎法在科学认识中的作用

(1) 演绎推理是逻辑证明的工具

如果选择确实可靠的命题作为大前提,经过合乎逻辑的推理,得到的结论就一定是正确的.因此,演绎推理是一种必然性的推理,这个特点在几何学中表现得极为突出.

世界上出现最早、结构最严整的理论体系,要算欧几里得(Euclid,公元前325~前265)几何了.而欧氏几何的全套理论体系,就是从很少的几个几何公理出发,用演绎方法建立起来的.当然,就平面几何知识的根本来源而言,是古代人们对丈量土地实践经验的归纳,但平面几何之所以在科学史上占有独特的地位,就是因为它没有满足于用归纳法把经验概括为几何学公理或公设,而是以此为起点,用演绎方法构筑一套严谨的理论体系.爱因斯坦曾多次谈到,在他12岁时,得到一本欧氏几何学的小书,这个几何学理论的严格、明晰和可靠性给了他"难以形容的印象".他说,他由此产生的激动成为了引导他决意献身科学的一个契机.爱因斯坦甚至说,如果一个人初次接触到欧氏几何学而不曾为它的严密的逻辑性所感动的话,那他是不会成为一个出色的理论科学家的.

演绎的方法对数学是如此重要,对物理学也不例外,物理学必须以某些基本概念和基本假设为自己的基础,使用演绎的方法,把有关的知识系统化.科学越是理论化、系统化,也就越需要使用演绎的方法.爱因斯坦曾经指出:"适合于科学幼年时代的以归纳为主的方法,

正在让位于探索性的演绎法."事实上,爱因斯坦的狭义相对论就是以两个基本假设(相对性原理和光速不变原理)为基础,通过演绎方法建立起来的.

(2) 演绎推理是做出科学预见的一种手段

把一般性的原理(理论)运用到具体场合,做出正确的推论,就是科学预见.由于科学理论是已被实践证明了的真理,由此做出的推论就是有科学根据的,我们方能称之为科学预见.

下面,我们介绍科学史上运用演绎推理做出科学预见的一个例子.

门捷列夫预言"亚铝"的存在——运用演绎推理做出科学预见之一例

门捷列夫(D. I. Mendeleyev,1834~1907)在总结前人经验的基础上,于1869年发表了元素周期律.当时,还有许多元素未发现,门捷列夫给这些未发现的元素在周期表上留下了空位.1871年,他在《元素的自然体系和运用它指明某些元素的性质》一文中,预言了三种元素的存在.1875年,法国化学家布瓦博德朗在研究闪锌矿时,果然用光谱分析法发现了一种新元素,他称之为镓.镓和门捷列夫当时预言的"亚铝"除比重不同外,其他一切都相同.当门捷列夫得知这一情况后,立即写信给巴黎科学院,指出镓的比重应在5.9~6.0之间,而不是布瓦博德朗所宣布的4.7.当时镓还在布瓦博德朗手中,门捷列夫从未见过,怎敢断言镓的比重测错了呢?这使布瓦博德朗万分惊讶.他设法重新提炼镓,果然测得其比重为5.94,证实了门捷列夫的预言.

门捷列夫实际上进行了这样的演绎推理:同族元素的性质是相似的,周期表上位于铝元素下面的空格里的元素是铝的同族元素,所以,这个未知元素是与铝相似的.门捷列夫的科学预见受到了恩格斯的高度评价,认为他完成了科学上的一个勋业.

2 由一般到特殊的思维方法——演绎法

(3) 演绎推理是发展假说和理论的一个必要环节

根据已有知识,人们对所研究的事物或现象做出初步的解释,这就是假说.假说是人们对事物或现象的初步想法.假说有一个发展过程,大体上可分为三步:① 假说的提出;② 由假说推出一些结论;③ 用实验验证这些结论.在上述假说发展的第二步中,就要用到演绎推理.如果演绎推理得出的结论与实践相符,就证明了假说的正确性,假说就可逐步发展成为科学理论;若与实践不符,则可发现包括在演绎大前提中的谬误或不足,才有可能进一步修正或发展假说.上述这种演绎方法称为"假说演绎".

蝙蝠为什么在夜间能快速飞行而不撞在障碍物上——假说演绎例 1

人们早就知道,蝙蝠能在夜间快速飞行而不撞在障碍物上.这个现象如何解释呢? 生物学家提出一个假说:蝙蝠在黑夜中能避开障碍物,是由于它有特强的视力.由这个假说进行演绎推理,可以得出结论:如果把蝙蝠的眼睛蒙上,它就会撞在障碍物上.为了验证由这个假设推出的结论,科学家们设计了一个实验:在一个暗室中系上许多纵横交错的钢丝,并将每条钢丝上系一个铃(为的是当蝙蝠撞钢丝时会发出铃声).将一些蝙蝠蒙上眼睛,放在这个暗室里飞行.实验结果是,蝙蝠仍能快速飞行而不撞在钢丝上.这个事实证明了由假说推出的结论是不正确的,从而否定了这个假说.

后来科学家们根据超声波的知识,提出另一个假说:蝙蝠能在黑暗中避开障碍物,是因为它能发出一种超声波,而耳朵能听到这个超声波遇障碍物反射的回波.由这个假说经演绎推理可得出这个结论:如果把蝙蝠的耳朵塞住,那么,它在黑暗中飞行时就会撞在障碍物上.于是,科学家们做了另一个实验:把一些塞了耳朵的蝙蝠放在暗室中,结果发现,蝙蝠丧失了发现障碍物的能力.由假说推出的结论被证实了,从而证明了这个假说的正确性.当然,为了使这个假说成

为科学理论,我们还应该由这个假说推出一些其他结论,并继续用实验加以证明.

泊松亮斑的发现与菲涅耳理论的证实——假说演绎例 2

在物理学史上,关于光的本性,长期以来存在着两种根本对立的假说——"微粒说"和"波动说".前者的代表人物是牛顿,后者的代表人物是惠更斯(C. Huygens,1629～1695).这个问题的争论持续了三百多年,由于牛顿在学术界的崇高威望,在 19 世纪前,"微粒说"一直占主导地位.

19 世纪初,托马斯·杨(T. Young,1773～1829)对牛顿的微粒说提出异议,他说:"尽管我仰慕牛顿的大名,但我并不因此非得认为他是万无一失的,我……遗憾地看到,他也会弄错,而他的权威也许有时甚至阻碍了科学的进步."杨氏从水波干涉受到启发,采用类比的思维方法,猜想到光也会产生干涉现象.杨氏巧妙地设计了双孔干涉实验,成功地证实了光的波动性.

菲涅耳(A. Fresnel,1788～1827)是法国的工程师,他对光的波动说也做出了巨大的贡献.

1817 年,法国科学院举办一次科学竞赛,要求参加者用精确的实验来演示光的全部衍射效应,并建立相应的理论.

菲涅耳参加了这次竞赛.他做了一系列光的衍射实验,实验中发现,在点光源发出的光束的照射下,一根细丝的影子内会出现明暗相间的光带,当小孔的直径小到可以和波长相比拟时,光束通过小孔就能产生圆孔衍射图样——一圈圈明暗相间的同心圆.他还演示了光通过圆屏、锐利的直边(例如刀口)、狭缝等障碍物时所产生的衍射效应.

菲涅耳在 1818 年的应征论文中,根据光的波动假说,提出了光的波动理论,并创造了一种数学方法——菲涅耳波带法.根据这种方法计算的结果完全符合实验现象.

科学院成立了专门评比委员会来审议应征论文,该委员会的成员都是当时的知名学者:阿拉果(D. F. J. Arago,法国,1786～1853)、泊松(S. D. Poisson,法国,1781～1840)、毕奥(J. B. Biot,法国,1774～1862)、拉普拉斯(P. S. M. Laplace,法国,1749～1827)和盖·吕萨克.其中,泊松、毕奥和拉普拉斯都是相信微粒说、反对波动说的,而盖·吕萨克则持中立态度.看来评审委员会的成员构成是对菲涅耳不利的,但菲涅耳的计算结果与实验数据吻合得如此之好,以至于评委们不得不予以承认并授予奖金.

在评选过程中发生了一件十分有趣的事:评审委员泊松根据菲涅耳理论,经过演绎推理,得出了一个令人难以置信的结论——在一个圆盘的阴影中心应该出现一个亮点,这是菲涅耳完全未预料到的事情,因为谁也没有见过这一情景呀!光的波动说和菲涅耳的衍射理论面临严峻的挑战,泊松也拭目以待,希望能以此驳倒菲涅耳的波动假说(图2.1、图2.2).

图 2.1　菲涅尔像

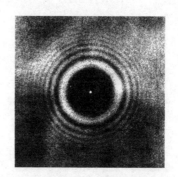

图 2.2　泊松亮斑

菲涅耳面临严峻的考验:"阴影中心出现一个亮点"是依据光的波动理论和菲涅耳衍射理论经演绎推理得出的具体结论,如果此结论与事实相符,就可验证波动假说的正确性并发展这个假说;如果与事实不符,则说明光的波动说和菲涅耳衍射理论是有问题的.

然而菲涅耳不愧是一个优秀的实验物理学家!按他的理论,只

有在圆片半径很小时才会出现这个现象.于是他重新设计了实验,精彩的一幕出现了——在圆板阴影的中心果然看到一个亮斑！而后人们称之为泊松亮斑.这是菲涅耳波动理论取得的胜利,也是假说演绎取得的结果.

在菲涅耳的成就面前,毕奥、拉普拉斯无言以对,而阿拉果则在这一成就的感召下"改信"波动说了.

3 归纳和演绎的辩证关系

归纳推理与演绎推理是既有区别,又有联系的.

3.1 归纳与演绎的区别

(1) 推理形式方面的区别

在演绎推理中,前提和结论之间是有必然联系的,这就是说,当我们用具体内容代入前提与结论时,如果前提是真的,结论也是真的.这种必然联系,有时也叫作蕴涵关系.例如,大前提是"一切物理过程都遵循能量守恒规律",小前提是"β衰变是一种物理过程",结论是"β衰变过程中能量也一定是守恒的".

归纳法则是有或然性的,就是前提与结论之间并无必然性联系.例如,牛顿选购的玻璃恰好与水有相同的折射率,因此,在注满水的棱形容器中放入玻璃棱镜后,并未发现折射有什么变化,牛顿由此归纳出结论——"所有不同的透明介质都有相同的折射率"是错的.

(2) 认识的发展过程方面的区别

归纳推理是从个别到一般,而演绎推理则恰恰相反,是从一般到个别.因此,两者之间的关系可表示如下:

经过归纳得出的"一般",不仅有总结概括的作用,往往还有创新的含义.因为人们不能穷尽各"个别"后才得出"一般",而经过归纳思维加工得到的"一般"往往能包容更广泛的"个别".因此以这个"一般"为依据做演绎推理就能去解释"个别"、指导"个别".

(3) 前提与结论所断定的范围不同

演绎推理的结论所断定的范围不会超过前提所断定的范围.例如,由前提"一切做变速运动的物体都受到力的作用"与"匀速圆周运动是一种变速运动"得出结论"做匀速圆周运动的物体一定受力的作用".结论"做匀速圆周运动的物体一定受力的作用"所断定的范围没有超出"一切做变速运动的物体都要受力的作用"这个前提所断定的范围.

而归纳推理的结论所断定的范围可以超出前提所断定的范围.例如,由前提"铜能导电""铝能导电""银能导电"……用简单枚举法可归纳出"所有金属都能导电"的结论.显然,结论所断定的范围超出了前提所断定的范围.

3.2 归纳与演绎的联系

(1) 演绎必须以归纳为基础

演绎推理是以普遍性的判断为大前提的,而普遍性的判断,归根结底,总是靠归纳法来提供的.

例如,能量守恒和转化定律是人们常常作为演绎大前提的普遍性原理,但能量守恒和转化定律本身,却是靠归纳推理形成的.在19世纪40年代前后,短短十几年内,至少有四个国家,由六七种不同职业的十几位科学家从不同的侧面,各自独立地从大量的事实中归纳出能量转化和守恒定律,完成了物理学史上第二次伟大的综合(详见本丛书《分析与综合》一册).

从广义相对论看演绎与归纳

爱因斯坦的广义相对论是一种十分抽象的引力理论*.根据广义相对论,人们进行演绎推理,可以得出许多具体的精彩结论,而这些结论已一一被实践所证实.

① 水星近日点的进动.1915年,爱因斯坦第一次提出用广义相对论的理论来解释水星轨道近日点的反常运动.水星每绕太阳一周,其轨道长轴方向要转过一个角度φ,这个现象叫作进动.据天文计算,这种进动每百年为5 599秒,根据牛顿力学的计算,可以解释5 556.5秒,还有42.5秒得不到解释.爱因斯坦根据广义相对论算出了水星的剩余进动应为43秒,解开了这个谜.

② 光谱线的引力红移.由于引力场会使时钟变慢,所以恒星的光谱应向红端移动,这个现象在1924年被观察到.

③ 光线的弯曲.爱因斯坦计算出光线经过太阳表面,将发生1.75秒角度的偏转.1919年,英国的两个天文观察队测得的平均值为1.79秒.当爱因斯坦听到观察结果时说:"我没有期待过其他的结果."

上述三个精彩实例说明,从广义相对论这个普遍原理出发,经过演绎推理,得出的三个具体结论和事实吻合得很好(图 3.1、图 3.2).

图 3.1　爱因斯坦像

图 3.2　星光在太阳引力场中的偏转

---

* 有关广义相对论的初步理论,参见本丛书《等效》一册.

那么,广义相对论这样一个普遍原理,又是怎样得出的呢?

广义相对论的基础是等效原理——引力场和匀加速的参照系等效.这个原理十分抽象,有点像"纯粹的思维创造",但是,这个理论也是以惯性质量与引力质量相等的事实为根据归纳出来的.匈牙利物理学家厄缶(Baron Roland von Eötvös,1848～1919)从 1889 年开始,用了近 30 年的时间,反复验证惯性质量与引力质量相等的实验.他发现在十亿分之一的相对精度内,物体的惯性质量与引力质量对各种物质都是相等的.到 20 世纪 60 年代,人们又把实验的精度提高到 10^{-11}.

(2) 归纳要以演绎为指导

归纳是从个别到一般的思维方法,但人们在对个别现象进行分析的时候,总是要依靠一些普遍性的知识为指导,也就是说,要用到演绎推理.从这个意义上说,归纳要依靠演绎.

例如,人们对物质结构的认识,是逐步深入的.人们通过一个个的个别事实的分析,逐步认识了电子、质子、中子等微观粒子,并由此归纳出物质的不同层次的结构.但是,人们对各个个别事实进行的分析,是以"物质是无限可分"的原理为总的指导思想的.

如果没有普遍性的知识为指导,对个别的事实进行盲目的归纳,往往是不成功的.也就是说,没有演绎的指导,归纳往往要失败.下面,我们举物理学史中两个例子来说明这个问题.

牛顿发现了牛顿环,但无法对此做出正确的归纳

读者朋友也许听说过"牛顿环",那是牛顿在光学领域内的精彩发现.牛顿环是光的一种干涉现象,然而牛顿是光的"微粒说"的代表人物,他是坚决反对光的"波动说"的,那么他怎么会发现光的干涉现象呢?这确实是一个有趣的问题.

牛顿的"牛顿环"实验是这样的:取来两块玻璃体,一块是 14 英尺望远镜用的平凸透镜,另一块是50英尺左右望远镜用的大型双凸透镜.在双凸透镜上放上平凸透镜,使平凸透镜的平面向下,当把玻璃体相互压紧时,就会在围绕接触点的周围出现各种颜色,形成色环,如图3.3所示.

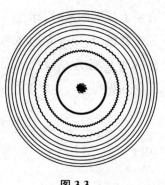

图 3.3

牛顿测量了前六个环的半径(在其中最亮部分测量),发现了这样一个规律:其平方值是一个由奇数所构成的算术级数,即1,3,5,7,9,11;而暗环半径的平方值是一个由偶数构成的算术级数,即2,4,6,8,10,12.图3.4所示就是凸透镜与平板玻璃在接触点附近的横断面,水平轴画出了用整数平方根标出的距离:$\sqrt{1}=1, \sqrt{2}=1.41, \sqrt{3}=1.73, \sqrt{4}=2, \sqrt{5}=2.24$ 等.

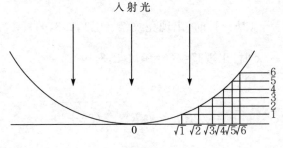

图 3.4

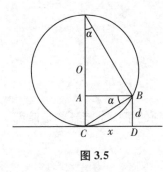

图 3.5

上述规律对于已学过中学物理的读者朋友们是很容易解释的.

牛顿环出现的机理是这样的:垂直入射的平行光一部分从球面反射回去,另一部分透过"空气劈"再从平面反射回去,两者的光程之差为"空气劈"厚度 d 的两倍.考虑到光从光疏介质射到光密

介质上反射回来时,存在一个"半波损失",因此,当光程差为半波长的奇数倍时,出现光加强的现象,即出现亮纹;在光程差为波长偶数倍的地方,出现暗纹.如图3.5所示,设 $BD=d$ 为光程差的一半,由几何知识得

$$\tan\alpha=\frac{x}{2R-d}=\frac{d}{x}$$

所以
$$x^2=(2R-d)d$$

因为
$$2R\gg d$$

则有
$$x^2=2Rd$$

即
$$x\propto\sqrt{d}$$

当 $2d=\frac{\lambda}{2}(2k+1)$ 时,出现亮纹($k=0,1,2,3,\cdots$);

当 $2d=k\lambda$ 时,出现暗纹($k=0,1,2,3,\cdots$).

即当
$$x=\sqrt{2Rd}=\sqrt{2R\cdot\frac{\lambda}{4}(2k+1)}$$
$$=\sqrt{2k+1}\sqrt{R\lambda/2}$$

时出现亮纹;当
$$x=\sqrt{2k}\sqrt{R\lambda/2}$$

时出现暗纹.

这正是牛顿当年观察到的结果.

牛顿当时测量到用垂直入射的光线得到的第一个暗环的最暗部

分空气层的厚度为 $\frac{1}{89\,000}$ 英寸*.将这个厚度的一半乘以级数 1,3,5,7,9,…就可以给出所有亮环的最亮部分空气层的厚度,与实验完全相符.

牛顿还用水代替空气,从而观察到色环的半径减小.他不仅观察到白光的干涉条纹,而且还观察到单色光所呈现的明暗相间的条纹.

牛顿的实验做得多么漂亮!他完全可以由此归纳出出色的理论,对光的"波动说"做出了重大的贡献.但是,他无法完成这个归纳,因为他缺乏光的"波动说"的思想指导.他迷信"微粒说"而竭力反对"波动说".他已经走近真理的大门,但无法再向前跨进一步.

请看牛顿对牛顿环所做的莫名其妙的解释:光是一束通过空间高速运动的粒子流,"一阵容易反射,一阵容易折射……每条光线在通过任何折射面时都要进入某种短暂的状态,这种状态在光线的行进过程中,每隔一定的时间又复原,并在每次复原时,倾向于使光线容易透过下一个折射面,而在两次复原之间容易被下一个折射面所反射".为什么会这样?牛顿含糊其辞地说:"至于这是什么作用或倾向,它就是光线的圆周运动或振动,还是介质或别的什么东西的圆周运动或振动,我这里就不去探讨了."

牛顿在这里不是"不去探讨",而是"无法探讨",由于他缺乏正确的思想指导,再成功的实验,他也无法做出正确的解释.

牛顿这次失败告诉我们,没有演绎做指导,归纳往往是不成功的.

为什么法拉第发现电磁感应定律要用十年时间

前面,我们已经向读者介绍过法拉第发现电磁感应定律的过程,有些读者可能要问:在我们今天看起来,每个中学生只在几分钟内就

---

* 1 英寸＝2.54 厘米.

可完成的电磁感应实验,为什么法拉第当时要花费十年的时间?这里,我们不能苛求法拉第,因为开拓者走的是前人没有走过的路,开拓者起初总带有一定的盲目性.法拉第在开始探索磁转化为电的时候,受到静电感应的影响,一直是采用**静态**配置,即让磁铁静置在线圈旁,企图在线圈中获得电流,当然,这是不可能的.由于他日以继夜地进行了大量实验,在实践中才发现磁转化为电是一个**暂态**过程,即磁铁要与线圈有相对运动,或者说导线必须切割磁力线,才能产生感应电流.

但是,从认识论的角度看,法拉第的探索的确缺乏演绎的指导.法拉第当时还没有明确能量转化和守恒的思想,所以他没有认真地想一想:如果磁铁静置于线圈旁,线圈就能源源不断地产生电流,那么,导线中不断产生的热量是从哪儿来的呢?不消耗能量就能源源不断获得能量,岂不成了永动机?

法拉第的探索,由于缺乏能量转化和守恒思想的指导,显得有些盲目,花费了太多的代价.我们可以设想,如果法拉第在探索中有很明确的能量守恒的观点的话,也许不会用这么长的时间.

事实上,法拉第在发现电磁感应定律以后,他的认识就向能量守恒的观念迈进了一步.1834年,他发表演讲指出:"任何一种(力)从另一种中产生,或者彼此转化."*

从思维方法的角度看,法拉第对电磁感应的探索也说明了归纳要以演绎为指导,缺乏演绎指导的归纳往往是盲目的.

(3) 归纳与演绎互为条件,互相渗透,在一定的条件下相互转化

归纳的结论可以成为演绎的前提,这就是归纳转化为演绎;以一般原理为指导,通过对个别事实的分析归纳出一般结论,这就是演绎转化为归纳.人类的知识就是在这种交互作用过程中,从个别到一

---

* 在法拉第时代,能的含义是用"力"的概念来表述的.

般,又从一般到个别,循环往复,步步深化.

在实际的科学认识过程中,归纳和演绎并不是截然分开的,下举一例.

从惰性气体的发现看归纳、演绎的综合应用

当门捷列夫开始建立周期律的时候,并没有在他最早的周期表上给惰性气体这族元素留下位置,因为当时还没有发现任何惰性气体.后来英国的化学家拉姆赛(W. Ramsay,1852~1916)从实验中发现了氩,这是第一个被发现的惰性气体,氩(Ar)是从希腊字"懒惰"借用来的.接着,他又发现了氦(He).经测定,氦、氩的原子量分别为 4.2 和 39.2.按原子量大小,在周期表上氦应该排在氢、锂之间,氩应该排在氯、钾之间.但当时的周期表并没有给它们留下这样的位置,由于氦、氩的性质非常接近,而与其他任何已知元素都不相似,所以拉姆赛认为它们代表了一个新元素族.1896 年,他排出了这样一个部分元素周期表:

氢 1.01	氦 4.2	锂 7.0
氟 19.0	?(20)	钠 23.0
氯 35.5	氩 39.2	钾 39.1
溴 79.0	?(82)	铷 85.5
碘 126.0	?(129)	铯 132.0

在这份表中,他把氦、氩这族中尚未发现的三种元素用三个问号代表,并根据它们各自与表中上、下、左、右相邻元素的比较,预言了它们的原子量和化学性质.后来,这三种元素都被发现.拉姆赛的预言也都得到了证实.这三种元素是:氖、氪、氙,其原子量分别为 20.179、83.80、131.30.

从上述过程中我们发现,拉姆赛从氦、氩两种元素推出有一族元素存在,这显然是归纳.而他根据周期律,从 1896 年的表中预言还有三种未发现的惰性气体存在,这显然是演绎.因此,归纳和演绎往往

是相互联系、综合运用的.

杨振宁趣谈归纳和演绎

著名物理学家杨振宁也谈到过归纳和演绎这两种思维方式.他说他在西南联大受到的是演绎型的思维训练,即从已知的物理事实,推演出新的物理事实,然后交由实验验证.当时中国缺乏实验设备,实验结果少,只能多做此类工作.

到了美国以后,杨振宁的导师费米和泰勒(E. Teller,1908~1984)的思维方式恰好相反,他们从大量的实验结果中构造新的模型、新的知识,归纳出新的物理定律.这种归纳型的思维方式,视野广阔,创造性强.

杨振宁总结说:"我很幸运,演绎型、归纳型这两种思维方式,我都受到了很好的训练."

在归纳和演绎问题上的一些片面认识

在历史上,人们曾在归纳和演绎问题上有过一种片面认识,他们把两者看作是不相容的两种思维形式,看不到两者的辩证统一,出现了片面夸大演绎作用的"全演绎派"和片面夸大归纳作用的"全归纳派".

由于历史原因,亚里士多德注重演绎法,建立以演绎为主体的形式逻辑体系.他把演绎法当作是认识的唯一工具,认为归纳只不过是演绎的变形,他这种片面认识在中世纪被经院哲学任意加以夸大,使演绎法变成了脱离实际的空洞的形式.

随着近代自然科学的发展,弗·培根制定了归纳法,这种方法在近代自然科学积累材料中发挥了很大的作用.但是培根是一个经验论者,对演绎缺乏研究.到 19 世纪,出现了以穆勒和惠威尔为代表的"全归纳派",他们把归纳视为万能,走向了另一个极端.穆勒任意夸大求因果关系的穆勒归纳五法,他认为,任何人应用了求因果关系的方法,就能发现现象的因果关系,正如任何人运用了直尺、圆规就能

3 归纳和演绎的辩证关系

画出直线与圆一样.

恩格斯指出:"归纳和演绎正如分析与综合一样,是必然地相互联系着的.不应当牺牲一个而把另一个捧到天上去,应当把每一个用到该用的地方,而要做到这一点,就只有注意它们的相互联系,相互补充."

恩格斯的这段论述精辟地阐述了归纳和演绎的辩证关系.

4 归纳与演绎的方法在科学发现与技术发明中的作用

4.1 归纳演绎法在科学发现中的作用

科学发现的过程是各种思维方法交替使用的过程,其中,"归纳－演绎"法起了重要的作用,即人们通过观察和实验,从大量个别事实的考察中总结出具有一般意义的规律性的认识,得到了科学的发现.例如牛顿从1665～1666年的"月—地检验"和其他的事实出发,总结出万有引力定律;19世纪40年代以后十几年中,有四个国家,六七种不同职业的十几个科学家(如伦福德、戴维、卡诺、焦耳、赫姆霍兹等)从不同的侧面各自独立地发现能量转化和守恒定律;19世纪奥斯特、安培、法拉第、麦克斯韦等科学家对各种特殊电磁现象的研究最后总结出电磁学的系统理论……牛顿认为:"虽然用归纳法从实验和观察中进行的论证不能算是普遍的结论,但它是事物的本性所许可的最好的论证方法,并且随着归纳的愈为普遍,这种论证也愈为有力."

4.2 归纳演绎法在技术发明中的作用

技术发明也是如此.科技人员往往从个别事件中发现真理的端倪,进而研究出事物发展的一般规律,然后运用这个一般规律去解决具体的技术问题.显然,这里也使用了归纳演绎的方法.下面分析几个精彩的实例.

(1) 动能定理在航空母舰舰载机着舰问题中的应用

同学们一定为中国有了自己的航空母舰而感到自豪."辽宁号"航空母舰,是中国人民解放军海军第一艘航空母舰.

航母对一个大国而言是极其重要的.航母是国家政治、经济、科技等综合国力的象征,是军队的支柱,是海军兵力的核心.超级大国、海洋大国和地区性海洋大国都必须有一支强大的海军,而强大的海军又都以航母为核心来发展、编程和作战.

但是,要真正实现航母的作战能力,有许多复杂的技术难题需要解决.下面,我们以舰载飞机着舰为例,看一看科技工作者是如何利用一般到特殊的思维方法,即演绎的方法,应用一般的理论知识来解决具体的技术细节问题的.从动能定理知,力对空间的积累效果是物体动能的变化,即力所做的功等于物体动能的增量(当力和物体的位移在一直线时,功等于力与物体的位移).

$$Fs = \Delta E_k$$

一般的飞机,在着陆时,要在长长的跑道上滑行很长的距离,在地面阻力做负功耗尽自己的动能后,才能停下.因为飞机的动能很大,即 ΔE_k 很大,而地面阻力 F 很小,因此滑行距离需很长,因而机场跑道长度一般要 3 千米以上.但是,在航空母舰的甲板上不可能有这么长的距离可供滑行,因此,必须对着舰的舰载机施加足够大的阻力才行,这就对科技人员提出很大的难题.科技人员绞尽脑汁提出了用阻拦索施加阻力的设想.

当舰载机降落时,放下特有的尾钩,去钩住阻拦索,当飞机接触阻拦索后,甲板对飞机的阻力和阻拦索形成的拉力的合力沿着飞机飞行的反方向.飞机因本身的巨大动能而拖拉着阻拦索继续向前滑跑,但速度越来越小.阻拦索末端连着的液压阻尼缓冲器带动了主活塞支柱,将制动液由液压制动筒挤压进蓄压器,使蓄压器内的空气被压缩.根据玻意耳定律,一定质量的理想气体,在温度不变的情况下,体积缩小,压强增大,因此产生阻尼力.阻拦索拉得越长,蓄压器内的空气压力将越大,产生的阻尼力也将越大,从而使飞机的速度越来越小.通常,飞机尾钩挂上阻拦索后,还将向前滑跑 60~90 米,之后即可安全停在甲板上.这时,航母甲板上的专职人员将立即跑上前去,将阻拦索从飞机的尾钩上脱下来.蓄压器内的空气膨胀,失去拉力的阻拦索恢复到原来的位置,为下一架飞机的降落作好准备.至此,一架飞机在阻拦索的帮助下完成降落.如飞机尾钩未挂住拦阻索,着舰机必须拉起复飞.

　　舰载飞机着舰的过程比起飞过程更加艰难和危险.这是因为在着舰过程中,飞机一定要尽量对准甲板跑道的正中轴线,否则就可能撞上甲板上的其他建筑或停放在跑道旁的其他飞机.第二次世界大战时期早期航母舰载机着舰的事故率极高,美国前总统老布什在回忆录中曾经回忆到,舰载机飞行员在训练和作战中,有将近 1/10 的人因着舰阶段的技术失误发生坠机事故.

　　2012 年 11 月 23 日,我国飞行员戴明盟驾驶歼-15 舰载战斗机在中国首艘航母"辽宁舰"甲板上成功阻拦着舰,从而成为我国第一个完成此举的飞行员.戴明盟曾说,着舰过程就好比驾驶战机百步穿杨,时速 200 多公里的飞机,必须精确地降落在航母甲板的阻拦索之间,使用甲板有效宽度还不到陆地跑道宽度的十分之一,其难度和操纵技术远远超过驾驶一般的飞机(图 4.1、图 4.2).下面,我们来解一道关于舰载机着舰的例题.

4 归纳和演绎的方法在科学发现和技术发明中的作用

图 4.1 舰载机准备在航空母舰"辽宁号"上降落

图 4.2 舰载机在阻拦索的阻拦下在"辽宁号"上着舰

例题 1 2012 年 11 月,"歼-15"舰载机在"辽宁号"航空母舰上着舰成功.图 4.3(a)为利用阻拦系统让舰载机在飞行甲板上快速停止的原理示意图.飞机着舰并成功钩住阻拦索后,飞机的动力系统立即关闭,阻拦系统通过阻拦索对飞机施加作用力,使飞机在甲板上短距离滑行后停止.某次降落,以飞机着舰为计时零点,飞机在 $t=0.4$ s 时恰好钩住阻拦索中间位置,假设其着舰到停止的速度-时间图线如

图 4.3(b)所示.设航母始终静止,重力加速度的大小为 g.则

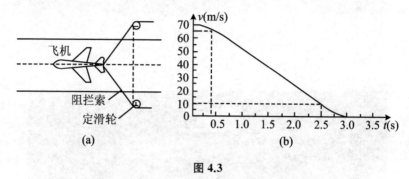

图 4.3

(1) 在 0.4～2.5 s 时间内,飞机在甲板上滑行的距离为多少?

(2) 在 0.4～2.5 s 时间内,飞机所受合力是否改变?

(3) 在 0.4～2.5 s 时间内,飞行员所承受的加速度为多大?

(4) 在 0.4～2.5 s 时间内,阻拦系统对飞机做功的即时功率是否随时间变化?

分析与解答 (1) 由图像可知,飞机在在 0.4～2.5 s 时间内在甲板上滑行的距离即为图像与时间轴所构成的面积,为

$$x=\frac{(65+10)\times(2.5-0.4)}{2}\text{m}=78.8\text{m}$$

(2) 在 0.4～2.5 s 时间内,速度与时间的图像的斜率不变,则加速度也不变,所以合力也不变(注意:这是为了降低题目的难度,假设飞机在做匀减速运动.)

(3) 在滑行过程中,飞行员所承受的加速度大小为

$$a=\frac{\Delta V}{\Delta T}=\frac{10-65}{2.5-0.4}=-26.2(\text{m/s}^2)$$

(4) 在 0.4～2.5 s 时间内,阻拦系统对飞机做功的功率 $P=FV$,虽然 F 不变,但 V 是渐渐变小的,所以即时功率是随时间变化的.

(2) 全反射原理在光导纤维的应用

1870 年的一天,英国物理学家丁达尔在皇家学会的演讲中做了

4 归纳和演绎的方法在科学发现和技术发明中的作用

一个简单的实验:在装满水的木桶上钻个孔,然后用灯从桶上边把水照亮.结果使观众们大吃一惊.人们看到,放光的水从水桶的小孔里流了出来,水流弯曲,光线也跟着弯曲,光居然被弯弯曲曲的水俘获了(图 4.4).

图 4.4

为什么呢?难道光线不再直进了吗?不是,这是全反射的作用,即光从水中射向空气,当入射角大于某一角度时,折射光线消失,全部光线都反射回水中.表面上看,光好像在水流中弯曲前进.实际上,在弯曲的水流里,光仍沿直线传播,只不过在内表面上发生了多次全反射,光线经过多次全反射向前传播.

后来,人们受这个实验的启发,制造了光导纤维.光导纤维的基本原料是廉价的石英玻璃,科学家将它们拉成直径只有几微米到几十微米的丝,然后再包上一层折射率比它小的材料.只要入射角满足一定的条件,光束就可以在这样制成的光导纤维中弯弯曲曲地从一端传到另一端,而不会在中途漏射(图 4.5、图 4.6).

科学家将光导纤维的这一特性首先用于光通信.一根光导纤维只能传送一个很小的光点,如果把数以万计的光导纤维整齐地排成一束,并使每根光导纤维在两端的位置上一一对应,就可做成光缆.用光缆代替电缆通信具有无比的优越性.比如 20 根光纤组成的像铅笔粗细的光缆,每天可通话 7.6 万人次,而 1800 根铜线组成的像碗口粗细的电缆,每天只能通话几千人次.光导纤维不仅质量轻、成本低、敷设方便,而且容量大、抗干扰、稳定可靠、保密性强.因此光缆正在取代铜线电缆,广泛地应用于通信、电视、广播、交通、军事、医疗等许多领域,难怪人们称誉光导纤维为信息时代的神经.

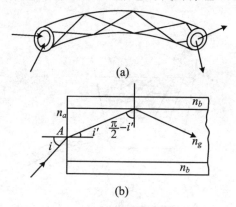

图 4.5 光导纤维原理

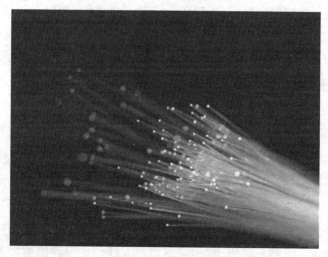

图 4.6 光导纤维

光纤除了可以用于通信外,还可以用于医疗、信息处理、传能传像、遥测遥控、照明等许多方面.例如,医用内窥镜光导纤维可以用于食道、直肠、膀胱、子宫、胃等深部探查,切除癌瘤组织的外科手术激

4 归纳和演绎的方法在科学发现和技术发明中的作用

光刀,即由光导纤维将激光传递至手术部位.图 4.7 为医师利用光导纤维内窥镜为病人做微创手术.

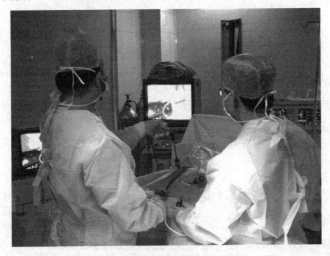

图 4.7 利用内窥镜做微创手术

前香港中文大学校长高锟在光纤通信方面作出了杰出的贡献. 1965 年,他在一篇论文中提出以石英基玻璃纤维作长程信息传递,将带来一场通信业的革命,并提出当玻璃纤维损耗率下降到 20 分贝/千米时,光导纤维通信(即现在所谓的光纤通信)就会成功,这引发了光导纤维的研发热潮,1970 年康宁公司最先发明并制造出世界第一根可用于光通信的光纤,使光纤通信得以广泛应用,被视为光纤通信的里程碑之一.高锟因此被国际公认为"光纤之父",获得 2009 年诺贝尔物理学奖(图 4.8).

图 4.8 高锟

(3) 流体力学的伯努利方程在技术中的应用

伯努利方程是能量守恒定律在流体管道中的具体表达式(其推

导过程可参阅《分析与综合》一书),即流体管道中任一位置,流体的压强、每单位体积的动能、势能之和为一常数:

$$p + \frac{1}{2}\rho v^2 + \rho g h = 常数\, C \qquad ①$$

下面,我们通过演绎推理,讨论几种特殊情况下伯努利方程的表达式,从而解决几个实际问题.

推理 1 对水平流动的流体或可以略去重力势能变化(如气体)的流体,①式可表述为

$$p + \frac{1}{2}\rho v^2 = 常数\, C \qquad ②$$

从②式可以看出,$V\uparrow$ 导致 $P\downarrow$,即"流速大处压强小"或"流速小处压强大".

这个结论最重要的应用就是飞机机翼升力的获得:机翼上方空气流线密,流速大,压强小;机翼下方空气流线疏,流速小,压强大.上下压力之差,造成了飞机的向上升力(图 4.9).

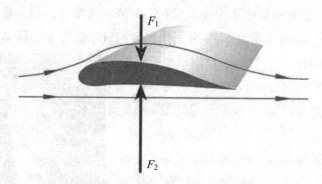

图 4.9 机翼升力的产生

人们还根据这个原理,制成了喷雾器.如图 4.10 所示,让空气从小孔迅速流出,小孔附近空气压强小于大气压,而容器中液面上方空气为正常大气压,于是液体就从细管升上来,受气流冲击,呈雾状被喷出.图 4.11 为园林用喷雾器.

4　归纳和演绎的方法在科学发现和技术发明中的作用

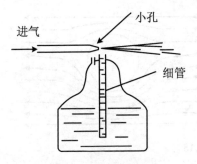

图 4.10　喷雾器原理图

图 4.11　园林用喷雾器

在内燃机制造业中,这个原理也得到应用.图 4.12 为汽油机汽化器原理图.汽化器是向气缸供给燃料和空气混合物的装置,在活塞做吸气冲程时,空气被吸入管内,在流经管的狭窄部分时,由于流速大压强小,汽油就从安装在狭窄部分的喷嘴流出,被喷成雾状,形成油、气混合物,进入气缸.

在体育的球类比赛中,这个原理也得到应用.如果乒乓球在飞行过程中同时旋转,球的飞行轨迹就会发生变化.如图 4.13 所示,设球向左飞行.左图为不旋转的球周围空气的流线图,上下方空气流线疏密程度一样.右图为上旋球周围空气的流线图.上旋球下方空气流线比上方密,因而流速大,压强小,上、下方空气造成向下的合力,使得球的飞行轨迹比正常的抛物线偏下.乒乓球运动员如果打这种球(弧圈球),就会使对方措手不及,给对方造成极大的威胁(图 4.14).

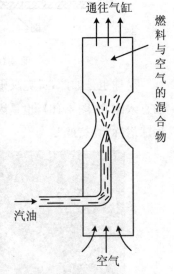

图 4.12　汽油机汽化器的原理

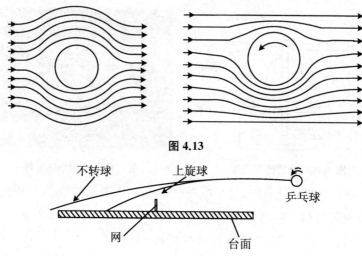

图 4.13

图 4.14 乒乓球的上旋球

足球也是如此,贝克汉姆(图 4.15)踢出的直接任意球能绕过人墙直入网底(图 4.16),也是因为球在高速飞行时同时旋转造成的,这种球俗称"香蕉球"。

图 4.15 足球明星贝克汉姆

4 归纳和演绎的方法在科学发现和技术发明中的作用

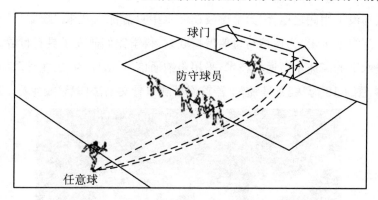

图4.16 贝克汉姆踢"香蕉球"

推理2 当流体静止时,$V=0$,则①式变为

$$p + \rho g h = 常数\ C \qquad ③$$

在海面上,$h=0$,$p_0=C=$大气压,在海面下深度为 h 处,压强 $p=p_0-\rho gh$,(注意 h 为负数),h 越大,压强越大.这就是水坝下部总比上部建造得宽的原因.

根据③式,人类要深入海底工作,必须承受巨大的压强,这就需要在技术上制造出很好的潜水器.蛟龙号载人潜水器是一艘由中国自行设计、自主集成研制的载人潜水器,2012年7月,在马里亚纳海沟创造了下潜7062米的中国载人深潜纪录,也是世界同类作业型潜水器最大下潜深度纪录.读者很容易估算出,在7062米深处,海水的压强可达七百多大气压,即每平方米面积上要承受七千多吨的压力,这是多么惊人的数值!

"蛟龙号"的任务是运载科学家和工程技术人员进入深海,在海底进行机动、悬停、正确就位,有效执行海洋地质、海洋地球物理、海洋地球化学、海洋地球环境和海洋生物等科学考察."蛟龙号"还具备深海探矿、海底高精度地形测量、可疑物探测与捕获、深海生物考察等多种功能.

陆地上通信主要靠电磁波,速度可以达到光速.但到了水中电磁波却没了用武之地,因为电磁波在海水中只能深入几米."蛟龙号"潜入深海数千米,为保持与母船保持联系,科学家们研发了具有世界先进水平的高速水声通信技术,采用声纳通信.图4.17为"蛟龙号"潜水器,图4.18为"蛟龙号"潜水器首次搭载甲骨文书法作品《蛟龙》.

图4.17　蛟龙号潜水器

图4.18　"蛟龙号"首次搭载甲骨文书法作品《蛟龙》

5 归纳和演绎的方法在中学物理中的应用

5.1 归纳法在建立物理概念、理解物理规律中的作用

在本书的前几部分,我们回顾了物理学家们是如何运用归纳的方法去研究物理问题的,现在,我们再来看看归纳法在中学物理学习中所起的作用.

从认识论的角度看,学习物理知识的过程与科学家探索物理知识的过程有相似之处.一个正确的物理概念,应该从大量的、个别的物理现象中归纳出来.经过归纳形成概念,是一个科学抽象的过程,所形成的概念已不是"感性的具体",而是"抽象的规定"了.例如,我们可以从人推车、人提水、起重机吊货物、拖拉机拉犁、带电体相互吸引或排斥、平行通电导体相互吸引或排斥等实例中归纳出力的概念——物体对物体的作用.又例如,我们从用空心麦秆从玻璃瓶中吸水、自来水笔吸水、注射器吸药液、活塞式抽水机抽水等实例中归纳出"大气压存在"的概念.

从具体实例中归纳共同本质

在学习中,对于一些比较复杂的概念、规律,应注意收集尽可能多的相关实例,通过归纳的方法,找出它们共同的本质,以加深对概念、规律的理解.例如,在学习过简谐运动以后,可以对许多简谐运动实例进行分析,归纳出它们的共同规律.

归纳与演绎

例题 1 弹簧振子的水平运动(如图 5.1 所示).

例题 2 单摆在摆角很小时的振动.

例题 3 圆弧槽内小球的往复运动(α 很小)(如图 5.2 所示).

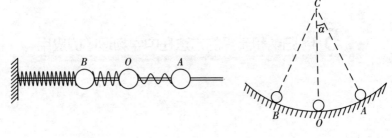

图 5.1　　　　　　图 5.2

例题 4 在粗而深的直筒中装满水,在水中放一支比重计,比重计在竖直方向上做振幅不大的振动(如图 5.3 所示).

例题 5 密闭圆柱形容器中有一活塞,它将容器中的气体分为质量相等的两部分,不计摩擦,活塞在平衡位置附近做振幅很小的振动(如图 5.4 所示).

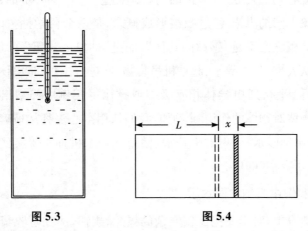

图 5.3　　　　　　图 5.4

例题 6 均匀的长木板放在半径相等的两个圆轮上,两轮圆心在同一水平线上,它们以大小相等的转速,按相反的方向转动.木板与圆轮间的摩擦系数相同,木板做往返运动(如图 5.5 所示).

5 归纳和演绎的方法在中学物理中的应用

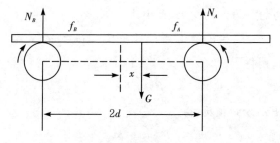

图 5.5

例题 7 设想在地球的南北极打通一直隧道(如图 5.6 所示). 一人失足落入隧道, 在这个隧道中往返运动.

例题 8 设想在地球中打一倾斜的隧道(隧道壁光滑), 一人失足落入隧道中, 在隧道中往返运动(如图 5.7 所示).

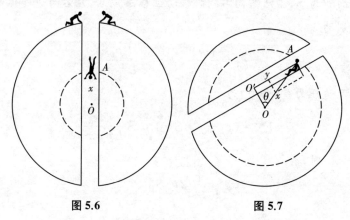

图 5.6   **图 5.7**

对上述实例进行逐个分析, 看要摒弃哪些次要因素, 抓住哪些主要因素, 才能体现出共同的运动规律.

为了节约篇幅, 我们仅以例题 4~8 为例, 进行简要分析.

例题 4 分析 平衡时比重计受两个力作用: 重力 G 和浮力 F_0, 且 $G=F_0$, 设比重计从平衡位置下移 x, 则浮力变为

$$F_{浮}=F_0+\rho g S x$$

(水的密度为 ρ, 筒的横截面积为 S).

浮力与重力的合力方向向上,大小为

$$F_合 = F_浮 - G = F_0 + \rho g S x - G = \rho g S x$$

令 $\rho g S = k$,则得

$$F_合 = kx$$

考虑 x 与 $F_合$ 方向相反,得

$$F_合 = -kx$$

即比重计所受合力大小与位移成正比,方向与位移相反,具有简谐运动的特性,因此,比重计的振动为简谐运动.

在这里,略去了水的阻力和表面张力的影响.

例题 5 分析 设容器长为 $2L$,活塞两边气体初始压强均为 p_0,活塞面积为 S,当活塞向右稍微移动位移 x 以后,左右两边气体的压强分别为

$$p_1 = \frac{Lp_0}{L+x}, \quad p_2 = \frac{Lp_0}{L-x}$$

活塞两边压力差(合力)为

$$F_合 = (p_2 - p_1)S = Lp_0 S \frac{2x}{L^2 - x^2}$$

当 $x \ll L$ 时,有

$$F_合 \approx \frac{2p_0 S}{L} \cdot x$$

令 $k = \frac{2p_0 S}{L}$,且合力方向与 x 相反,则

$$F_合 = -kx$$

符合简谐运动规律.

这里的理想化条件是:活塞厚度不计,摩擦不计,气体为理想气体,过程中温度不变.

例题 6 分析 如图 5.5 所示,设两轮轴心相距为 $2d$,某一瞬间,木板重心偏离平衡位置的位移为 x,此时板受到五个力作用.竖直方

向上有：重力 G，两轮支持力 N_A、N_B；水平方向上有：两轮的滑动摩擦力 f_A、f_B.

由竖直方向平衡条件及转动平衡条件，得

$$\begin{cases} G = N_A + N_B \\ N_A \cdot (d-x) = N_B \cdot (d+x) \end{cases}$$

进而得

$$\begin{cases} N_A = \left(\dfrac{d+x}{2d}\right) \cdot G \\ N_B = \left(\dfrac{d-x}{2d}\right) \cdot G \end{cases}$$

因此水平方向上木板所受合力为

$$F_{合} = f_A - f_B = \mu \left(\dfrac{d+x}{2d}\right) G - \mu \left(\dfrac{d-x}{2d}\right) G = \mu \dfrac{x}{d} G$$

令 $\mu G/d = k$，考虑 $F_{合}$ 与 x 反向，则

$$F_{合} = -kx$$

所以木板做简谐运动.

例题 7 分析 设某一瞬间人下落至距地心 x 处的 A 点，过 A 做一球面，在球面外地球物质对人的万有引力合力为零（证明从略）. 设地球密度为 ρ，地球质量为 M，半径为 R，人的质量为 m，M' 为过 A 的球面内地球物质的质量，则人受到的引力为

$$F = G\dfrac{M'm}{x^2} = G\dfrac{Mm}{x^2} \cdot \dfrac{x^3}{R^3} = \dfrac{GMm}{R^3} \cdot x = kx$$

再考虑 F 与 x 反向，所以人应做简谐运动.

例题 8 分析 如图 5.7 所示，设人滑至 A 点，A 与球心距离为 x，隧道中点为 O'，$\overline{AO'} = y$，由例题 7 分析可知，人受的引力方向指向 O，大小为

$$F = \dfrac{GMm}{R^3} x$$

力 F 沿隧道壁的分量为

$$F_y = \frac{GMm}{R^3} x \cdot \sin\theta = \frac{GMm}{R^3} \cdot y = ky$$

即人受的合力方向指向 O'，大小与人距 O' 的位移 y 成正比，因此，人应以 O' 为平衡位置做简谐运动（其周期应与例题7相同）.

这里的理想化条件是隧道光滑无摩擦.

通过对上述实例的归纳，不仅可以加深对简谐运动概念和规律的理解，而且可以归纳出分析简谐运动问题的思路：

① 判断一个振动是否为简谐运动，只需证明其所受的回复力是否具有和位移成正比、方向和位移相反的特征；

② 在判断过程中，关键是分析研究对象的受力情况，而在分析过程中，要忽略次要因素，抓住主要矛盾；

③ 回复力表达式中的 k，在不同的问题中具有不同的形式，由 k 可以确定振动的周期.

从特殊的物理规律归纳出一般的物理规律

高中物理中，有些物理规律是采用从特殊规律到一般规律的归纳法推出的.例如，从理想气体的三个实验定律推导出气态方程.

对一定质量的理想气体，在等温条件下，遵循玻意耳定律

$$p_1 V_1 = p_2 V_2$$

对一定质量的理想气体，在等压条件下，遵循盖·吕萨克定律

$$V_1/T_1 = V_2/T_2$$

对一定质量的理想气体，在等容条件下，遵循查理定律

$$p_1/T_1 = p_2/T_2$$

上面三个定律都是在气体的三个状态函数中某一个保持不变的特殊情况下成立的，因而可认为是关于气体的三个特殊规律.下面，我们用归纳的方法推出在一般情况下理想气体状态变化应遵循的规律——气体的状态方程.

如图 5.8 所示,设想一定质量的理想气体初始状态为 p_1、V_1、T_1,经过一个等容变化,状态变为 p_c、V_1、T_2,再经过一个等温变化,状态变为 p_2、V_2、T_2.

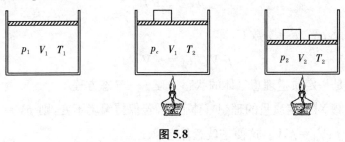

图 5.8

对等容变化,应用查理定律,得

$$\frac{p_1}{p_c}=\frac{T_1}{T_2} \qquad ①$$

对等温变化,应用玻意耳定律,得

$$p_c V_1 = p_2 V_2 \qquad ②$$

由式①、②,可得

$$\frac{p_1 V_1}{T_1}=\frac{p_2 V_2}{T_2}$$

这就是关于理想气体状态方程的表达式.上述过程就是一个归纳过程——从特殊到一般的推理过程.

5.2 演绎法在学习和掌握物理规律中的作用

从普遍原理出发,经过逻辑推理,得出个别情况下的特殊结论,这就是演绎推理的重要作用.运用这种方法可以帮助我们更好地理解和掌握物理规律.

从克拉珀龙方程出发,经过演绎推理,导出气体三定律

克拉珀龙方程是理想气体状态变化的一般规律.它联系了质量 m、体积 V、温度 T、压强 p 四个参量.从它出发,经过演绎推理,我们可以得出各种特殊条件下的个别结论：

① 对一定质量的理想气体，m、R、M 是常数，由克拉珀龙方程

$$pV = \frac{m}{M}RT$$

可推出 $pV/T=$ 常数 C，即

$$p_1V_1/T_1 = p_2V_2/T_2$$

这就是一定质量理想气体的状态方程——气态方程．

② 对一定质量的理想气体而言，若保持温度不变，则 $pV=$ 常数 c，即 $p_1V_1 = p_2V_2$，这便是玻意耳定律．

由类似方法，可推出查理定律和盖·吕萨克定律．

③ 若某种理想气体分解为 N 部分，设原来总质量为 m，分解后的质量分别为 $m_1, m_2, \cdots, m_N$．由质量守恒，可得

$$m = m_1 + m_2 + \cdots + m_N \qquad ①$$

由克拉珀龙方程可导出质量表达式

$$m = \frac{pVM}{RT} \qquad ②$$

综合式①、②得

$$\frac{pV}{T} = \frac{p_1V_1}{T_1} + \frac{p_2V_2}{T_2} + \cdots + \frac{p_NV_N}{T_N}$$

其中，p、V、T 分别为原气体的压强、体积、温度，p_1、V_1、T_1，$\cdots$，p_N、V_N、T_N 分别为分解后的各部分的压强、体积、温度．这个关系式在某些场合下极为有用．

从牛顿定律出发，经演绎推理，导出动能定理和动量定理

牛顿定律是力学的基本规律，从牛顿第二定律出发，结合运动学公式，可推出力对空间的积累规律——动能定理和力对时间的积累规律——动量定理．

如图 5.9 所示，设力 F 作用于物体 m 上，使其沿力的方向上发生

一段位移 s，设物体初速度为 v_1、末速度为 v_2（v_1、v_2 皆沿 F 方向），则力做的功为

$$W = Fs = mas = m\frac{v_2^2 - v_1^2}{2}$$
$$= \frac{1}{2}mv_2^2 - \frac{1}{2}mv_1^2$$

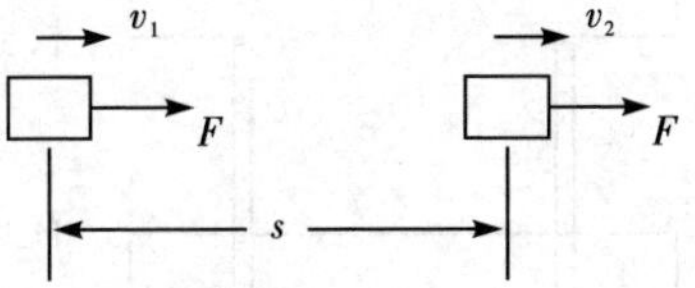

这便是动能定理.

设上述过程经历时间为 t，则力的冲量为

$$I = Ft = ma\frac{v_2 - v_1}{a} = mv_2 - mv_1$$

图 5.9

这便是动量定理.因此，可以说，动能定理和动量定理都是牛顿定律经演绎推出的结论.

从能量转化和守恒定律出发,经演绎推理,导出一些特殊结论

能量守恒和转化定律是宇宙间最具有普遍意义的规律之一.从它出发，经过演绎推理，可以推出各种个别场合下的特殊规律.

① 热力学第一定律

做功可以改变物体的内能，热传递也可以改变物体的内能，如果同时存在做功和热传递，则内能的改变是它们的共同效果.这样就可以写出热力学第一定律的表达式：

$$W + Q = \Delta E$$

因此，热力学第一定律就是包含内能在内的能量守恒定律.它是从能量守恒定律出发，经演绎推理得出的热现象中能量守恒的具体表述形式.

② 全电路欧姆定律

如图 5.10 所示，设电源电动势为 ε，内阻为 r，外电路电阻为 R，电流强度为 I，现在我们从能量转化和守恒定律出发，经演绎推理，导出全电路的欧姆定律.

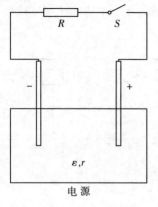

图 5.10

闭合电键后,经过时间 t,通过全电路的电量为 q,$q=It$,在电源内部,非静电力移送电荷做的功为

$$W=q\varepsilon=\varepsilon It$$

在电源内部,产生的热能为

$$Q_1=I^2rt$$

在电源外部,产生的热能为

$$Q_2=I^2Rt$$

根据能量守恒定律,非静电力移送电量做的功(即电源消耗的化学能)全部转化为电路的热能,即

$$W=Q_1+Q_2$$

亦即

$$\varepsilon It=I^2Rt+I^2rt$$

得

$$I=\varepsilon/R+r$$

这就是全电路欧姆定律.

③ 爱因斯坦光电效应方程

爱因斯坦光电效应方程可以看作是能量守恒定律这个普遍规律在光电效应这个特定现象中的具体形式.只不过是爱因斯坦受普朗克(M. Planck,1858~1947)量子说的启发,明确了光子能量的表达式 $E=h\nu$.

根据能量守恒定律,光电子吸收了光子的能量 $h\nu$,克服金属原子引力做了逸出功 W,剩余动能 $\frac{1}{2}mv_m^2$,即

$$\frac{mv_m^2}{2}=h\nu-W$$

因此可以这么说,爱因斯坦光电效应方程是能量守恒定律经演绎推理的结果.

从普遍性的公式进行特例讨论——一种有用的演绎方法

对公式进行特例讨论,是一种从一般到特殊的过程,因而属于演绎的范畴.这项工作是十分有意义的.下面,我们以"弹性碰撞"为例,说明这项工作的意义.

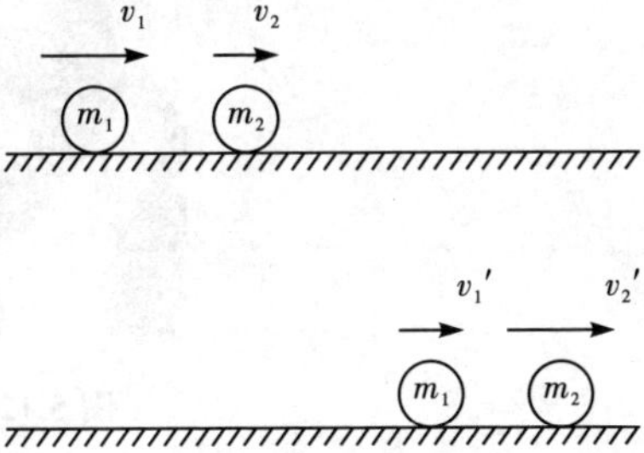

如图 5.11 所示,两个质量分别为 m_1、m_2 的弹性球发生对心碰撞,球 1 原速为 v_1,碰后速度为 $v_1{}'$,球 2 原速为 v_2,碰后速度为 $v_2{}'$,根据动量守恒和动能守恒可列式

图 5.11

$$\begin{cases} m_1v_1+m_2v_2=m_1v_1{}'+m_2v_2{}' \\ \dfrac{1}{2}m_1v_1^2+\dfrac{1}{2}m_2v_2^2=\dfrac{1}{2}m_1v_1{}'^2+\dfrac{1}{2}m_2v_2{}'^2 \end{cases}$$

解得

$$\begin{cases} v_1{}'=\dfrac{(m_1-m_2)v_1+2m_2v_2}{m_1+m_2} & ① \\ v_2{}'=\dfrac{(m_2-m_1)v_2+2m_1v_1}{m_1+m_2} & ② \end{cases}$$

这是关于弹性正碰规律的一般表达式,经过特例讨论,我们可以得出很有实际价值的特殊结论.

特例 1 当被碰球静止,即 $v_2=0$ 时,式②结果变为

$$v_2{}'=\dfrac{2m_1v_1}{m_1+m_2}$$

当年,查德威克(J. Chadwick,1891~1974)在发现中子的过程中曾利用这个关系式估算出中子的质量(图 5.12).

图 5.12　查德威克

使未知粒子与静止的氢核和氮核发生弹性正碰,未知粒子质量为 m,原来速度为 v,用 m_H、m_N 分别表示氢核、氮核的质量,根据上式得被碰后氢核和氮核的速度分别为

$$v_H' = \frac{2m}{m+m_H}v$$

$$v_N' = \frac{2m}{m+m_N}v$$

由于 $m_N = 14m_H$,代入上式,可得如下结果:

$$\frac{v_H'}{v_N'} = \frac{m+14m_H}{m+m_H}$$

根据实验实测,$v_H' = 3.3 \times 10^7$ 米/秒,$v_N' = 4.7 \times 10^6$ 米/秒.代入上式,可解得 $m = 1.15 m_H$.即这种未知粒子质量与氢核(质子)质量大致相等.

运动球与静止球发生弹性正碰的情况在原子反应堆中也常被应用.

设被碰的静止粒子与运动粒子的质量比为 K,即 $v_2 = 0$,$m_2 = Km_1$,则结果为

$$v_1' = -\left(\frac{K-1}{K+1}\right)v, \quad v_2' = \left(\frac{2}{K+1}\right)v$$

在原子反应堆中,需使裂变产生的快中子减速为慢中子,这就需要在铀棒周围放上某种物质——减速剂,其作用是使快中子跟这些物质的原子核碰撞后,减小能量,成为慢中子.由上面的算式可知,减速剂原子核获得的动能(即中子在碰撞中损失的动能)为

$$\Delta E = E_2' = \frac{1}{2}m_2 v_2'^2 = \frac{1}{2}Km_1\left(\frac{2}{K+1}\right)^2 v_1^2$$
$$= \frac{4K}{(K+1)^2}E_0$$

即 ΔE 随 K 的变化如图 5.13 所示. K 越接近于 1,ΔE 就越大;当 $K=1$ 时,$\Delta E = E_0$,即中子能量全部转移给减速剂原子核.

因此,我们应该选用原子量小且不易吸收中子的物质作为减速剂,其效果才好.例如重水中的氘(质量数为 2)、石墨(质量数为 6)等(图 5.14).

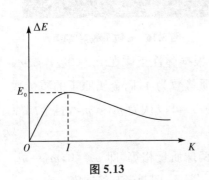

图 5.13

图 5.14 重水型原子反应堆

特例 2 当被碰球原静止($v_2 = 0$),运动球质量远小于被碰球质量($m_1 \ll m_2$)时,弹性正碰的结果变为

$$v_1' \approx -v_1, \quad v_2' \approx 0$$

即球 1 反向弹回,速率不变;球 2 仍静止.竖直下抛的皮球触地后反向

弹回(设碰撞中不发生能量损失),可跳回原高度,就有点类似于这个结果.

卢瑟福在进行α粒子散射实验时,以α粒子为炮弹,打击金属箔,发现了极少数α粒子会产生大角度的散射,有的甚至反向弹回,简直不可思议(图5.15、图5.16).

卢瑟福苦苦思索了几个星期,他说:"经过思考,我认为反向散射必定是单次碰撞的结果,而当我做出计算时看到,除非采取一个原子的大部分质量集中在一个微小的核内的系统,否则是无法得到数量级的任何结果的.这就是我后来提出原子具有很小而质量很大的核心的想法."

图5.15 卢瑟夫像
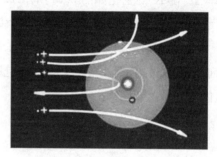
图5.16 α粒子散射实验

卢瑟福做出这样的判断,就是根据弹性正碰在 $v_2=0, m_1 \ll m_2$ 条件下的特殊结果.因为α粒子的质量数为 4,而金属原子的质量数却很大(例如金原子核质量数为 197),可以认为 $m_1 \ll m_2$,且金属原子核原静止,即 $v_2=0$.

特例 3 当被碰球原静止,且两球质量相等,即 $v_2=0, m_1=m_2$ 时,弹性正碰的结果变为:$v_1'=0, v_2'=v_1$.即两者互换速度.

1666 年,在成立不久的英国皇家学会的例会上,科学家们表演了如图 5.17 所示的实验:两个质量相同的弹性球分别挂在细绳上,静止时挨在一起.使 A 球偏开一个角度后放开,它回到原来位置时就碰到 B 球,碰后 A 球静止,B 球向右摆到几乎与 A 球原来相等的高度.当 B 球摆回时撞及 A 球,B 球静止,A 球又向左摆到和原来几乎相同的高度,这种情况反复交替继续下去.

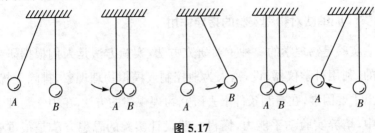

图 5.17

由于当时力学体系还不完善,因此这样一个目前中学生都会分析的表演引起了科学家们很大的兴趣,他们纷纷对此进行不同的甚至是混乱的解释.直到 1668 年,才有三位学者对此做了正确的解释,其中分析最完整的是荷兰物理学家惠更斯(C. Huygens,1629~1695),他指出这个实验中除动量守恒外,还有一个量守恒,这就是"活力"(mv^2),后来人们把"活力"改变为"动能",并定义为 $\frac{1}{2}mv^2$.从我们现在的观点看,惠更斯正确分析了弹性正碰中的一个特例——质量相等的球互换速度.

特例 4 当第二球原静止,第一球质量远大于第二球,即 $v_2=0$,$m_1 \gg m_2$ 时,弹性正碰的结果是第一球速度几乎不变,第二球以第一球原速的两倍前进.即 $v_1' \approx v_1, v_2' \approx 2v_1$.

一个运动的钢球撞及一个静止的乒乓球即是如此,钢球差不多以原速继续运动,乒乓球则以钢球原速的两倍运动.

从上述实例可以看出,从能量守恒和动量守恒两个基本规律出发,经演绎推理,可得出弹性碰撞的规律;而从弹性正碰的一般表达式出发,再经过特例讨论,又可经演绎推理出许多特殊的结论,解决了中学物理教材中诸如"中子的发现""α 粒子散射实验中 α 粒子的反弹""原子反应堆中的减速剂"等问题,可见演绎推理的重要性.

5.3 归纳法对物理实验的指导作用

实验是物理学的一种重要研究方法,实验方法是人们根据研究目的,利用科学仪器、设备,人为地控制或模拟物理现象,排除干扰,突出主要因素,在有利条件下去研究物理规律的方法.在中学物理学习中,培养实验动手能力,懂得一些设计实验的思想方法是很重要的,而在设计实验的时候,就要用到归纳的思维方法.

物理实验,按其性质可分为定性实验、定量实验、析因实验等.下面,我们就按这种分类分别谈谈归纳法的应用.

(1) 归纳法在定性实验中的作用

所谓定性实验,是指通过实验判定某个因素是否存在,影响实验的诸因素间是否有某种关系,通过实验定性揭示某些规律等.在物理学史的著名实验中,赫兹证明电磁波存在的实验,列别捷夫(P. N. Lebedev, 1866~1912)证明光压存在的实验,迈克尔逊—莫雷否定以太存在的实验,戴维逊—革末(C. J. Davisson, 1881~1958, L. H. Germer, 1896~1971)证实实物粒子具有波粒二象性的电子衍射实验等都可以称为定性实验.在中学物理中,许多演示实验和"研究物体的平抛运动""电场中等势面的描绘""研究电磁感应现象""用卡尺观察光的衍射现象"等由学生自己做的实验也属定性实验的范畴.

在进行定性实验研究物理因素之间的关系时,往往要用到归纳法.

下面,我们以"研究电磁感应现象"实验为例,谈谈归纳法的应用.

5　归纳和演绎的方法在中学物理中的应用

归纳法在电磁感应实验中的应用

如图 5.18 所示,在磁极 N、S 间的匀强磁场中,放置一个矩形线框,将矩形线框接通一电流计,若线框中产生感应电流,则电流计有偏转.下面,我们把实验中的七种情况分别列表表示(表 5.1),看一看如何运用归纳法从中得出电磁感应的规律.

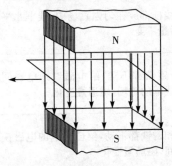

图 5.18

分析这个实验,我们发现,在有感应电流出现的五次实验中(①、②、⑤、⑥、⑦),唯一的共同情况是"磁通量变化";而在无感应电流出现的两次实验中(③、④),都没有"磁通量变化"这个条件.因此,根据"契合差异并用法",我们可以归纳出结论——"磁通量变化"与"感应电流的出现"有因果关系.

表 5.1

实验编号	情　　况	现　　象
①	导线框右边在磁场内,左边在磁场外;磁场方向与线框平面垂直且保持不变,线框在磁场中水平运动,**磁通量变化**	有感应电流
②	导线框右边在磁场内,左边在磁场外,线框不动,磁铁水平运动,**磁通量变化**	有感应电流

续表

实验编号	情　况	现　象
③	导线框右边在磁场内,左边在磁场外,磁铁和线框一同水平运动,**磁通量不变**	没有感应电流
④	整个线框都放在匀强磁场中,线框水平运动,**磁通量不变**	没有感应电流
⑤	线框、磁铁都不动,给电磁铁通电瞬间建立穿过线框的磁场,**磁通量变化**	有感应电流
⑥	线框和磁铁都不动,给已通电的电磁铁断电的瞬间,**磁通量变化**	有感应电流
⑦	线框四边并不在磁场中,电磁铁通电瞬间,突然有磁场穿过线框,**磁通量变化**	有感应电流

假如,只安排①、②两次实验,我们根据契合法来分析因果关系是不妥的,因为共同条件不止一个,可能会误解"相对运动"也是产生感应电流的原因.

介绍了③、④两个实验以后,由①、②、③、④四个实验,根据"契合差异并用法"可断定"磁通量的变化"是产生感应电流的原因.为了更具普遍性,不至于误解为产生磁通量变化的原因仅仅是相对运动,因此,补充了⑤、⑥,由此可见,即使线框与磁铁无相对运动,但磁铁磁场本身的变化,也可以发生磁通量的变化而感应出电流.

最后补充实验⑦,是为了排除实验①、②、⑤、⑥中并不引人注意的另一个共同条件——"线框在磁场中".

当然,我们不能无限夸大判断因果关系的穆勒五法的作用,归纳法还需和演绎法及其他科学方法相结合,才能更深刻地揭示事物的本质.

例如,实验⑤、⑥、⑦实际上是变化的磁场引起"涡旋电场"的问题(引起的电动势称为感应电动势),而实验①、②则是导线切割磁力线产生"动生电动势"的问题,两者产生电流的原因是不同的.当然,这一点在中学物理中可不加区别.

(2) 归纳法在定量实验中的应用

在物理实验中,用以测定某个物理量的数值,或求出某些物理量之间的定量的关系,如经验公式、定律等,称为定量实验.如物理学史中的卡文迪许(H. Cavendish,1731～1810)测定万有引力恒量的实验,斐索(A. Fizeau,1819～1896)测定光速的实验,焦耳(J. P. Joule,1818～1889)测热功当量的实验,汤姆孙(J. J. Thomson,1856～1940)测定电子荷质比的实验,密立根测定基本电荷电量的实验,以及其他许许多多著名的确定或验证物理学定律的实验,都是定量实验.在中学物理实验中,"测定匀变速直线运动的加速度""用单摆测定重力加速度""测定金属的电阻率""用电流表、电压表测定电源的电动势和内电阻""测定玻璃的折射率""测定凸透镜的焦距"是属于测定物理量数值的定量实验;而"验证力的平行四边形法则""有固定转动轴物体的平衡条件""验证牛顿第二定律""验证玻意耳定律"等则属于研究物理规律的定量实验.

在研究物理规律的时候,要确定物理量之间的定量关系,这就需要用到"穆勒五法"中唯一的一种定量研究方法——"共变法".

"共变法"在牛顿第二定律实验中的应用

牛顿第二定律实验研究的是物体的加速度 a 与物体受到的外力 F 以及物体本身质量 m 之间的关系.从物理量的因果关系看,外力的变化、质量的变化都是加速度 a 变化的原因,但我们在应用"共变法"分析它们之间的定量因果关系时,需采用"单因子分析法",即改变一种因素而保持对象的其余诸因素不变来进行实验研究(参见本书第 1 章中的"穆勒五法").因此,我们在设计实验时,可以分为两步:

① 保持物体的质量 m 不变,只改变作用力 F,观察加速度 a 与力 F 之间的定量关系;

② 保持外力 F 不变,改变物体质量 m,观察加速度 a 与 m 之间的定量关系.

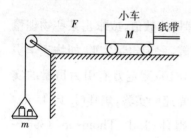

图 5.19

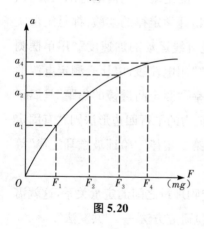

图 5.20

实验装置如图 5.19 所示,以小车为对象,用天平称出小车的质量 M 及砝码和盘的质量 m,用打点计时器测出小车的加速度 a.实验中使小车做加速运动的力为

$$F = \frac{Mm}{M+m}g \neq mg$$

当满足条件 $M \gg m$ 时,实验中常把 mg 作为小车受到的拉力.

这样实验中会存在着系统误差.所以得到的 $a-F$ 图像并不是直线而是曲线(图 5.20).

如果把小车和砝码(及盘)组成的系统($M+m$)当作研究对象,则引起这个系统($M+m$)的加速度的外力**准确地**等于 mg,即

$$a = \frac{mg}{M+m}$$

图 5.20 实际上是表征了**作用在系统($M+m$)上的外力 mg 改变**时引起的加速度 a 的变化.因为我们在增减砝码改变外力 mg 的同时,**也改变了被研究的对象($M+m$)的总质量**,因此违背了"共变法"中"单因素变化"的原则,当然不能准确地得出 F 与 a 之间的因果

关系.

为此,我们可根据"共变法"对实验做如下改进:在小车中也放上若干砝码,在研究质量不变时加速度与力之间的函数关系时,可将小车内的砝码分几次移入砝码盘内,这样,$F(mg)$ 改变了,但系统质量$(M+m)$不变,则可以准确地得出 a 与 F 的直线函数关系,如图 5.21 所示.

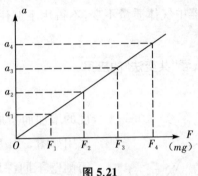

图 5.21

同样的道理,当我们在研究外力一定时加速度与质量的关系时,若以 M 为研究对象,也会出现系统误差,如图 5.22 所示.为了解决这个问题,应选系统$(M+m)$为对象,保持外力 $F(mg)$ 不变,改变小车质量(即改变系统质量 $M+m$),得出 $a \propto 1/(M+m)$ 的关系.必须注意的是,**质量应取小车、砝码(及盘)的总和**,这样才可得出加速度 a 与质量$(M+m)$之间正确的定量关系,如图 5.23 所示.

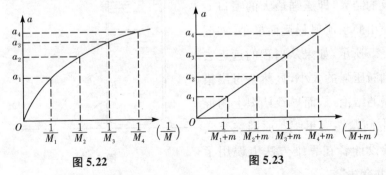

图 5.22   **图 5.23**

除了牛顿第二定律实验要用到"共变法"以外,其他许多定量实验的设计都应用了这种思维方法.如"验证玻意耳定律的实验",我们也应该采用"单因子分析法",应保持气体质量 m、温度 T 始终不变,改变 p,以测量 V 的变化.倘若 m、T 也发生变化,则无法准确地得出 p、V 间的因果关系.为此,我们要采取一些措施,如实验中用橡皮帽封住注射器小孔,用润滑油涂抹在活塞与注射器内壁之间,缓慢拉动活塞以保证注射器中气体质量不变,不得用手握住注射器以保证气体温度不变等.

从水流射程实验,看"共变法"的应用

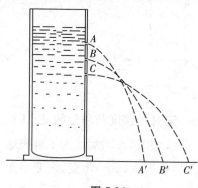

图 5.24

为了演示液体的压强随深度的增加而增加的规律,常有人采用如图 5.24 所示的实验:在圆筒侧壁不同深度的地方开三个孔 A、B、C,因为在液体内部越深的地方,液体压强越大,因此,C 孔喷出的水最急,它的射程也就最远;A 孔喷出的水最缓,因而它的射程也就最小.

然而,在实验中也会见到相反的结果,即压强最大的喷口 C 喷出的水流射程反而最小,如图 5.25 所示,如果从射程的远近去判断压强的大小,显然会得出错误的结论,从而导致认识上的混乱.问题在哪里呢?原因在于实验设计者在思维方法上误用了"共变法".

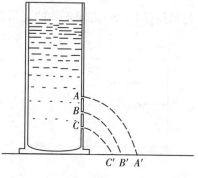

图 5.25

5 归纳和演绎的方法在中学物理中的应用

实验的目的是证明"液体内部越深的地方压强越大". 采用的推理方式是：

① 压强越大，喷射速度越大（压强与喷射速度间有正向共变的关系）；

② 喷射速度越大，射程越远（喷射速度与射程间有正向共变关系）.

第一个推理是正确的，而第二个推理并不一定正确. 因为平抛运动的射程是由两个因素决定的：水平初速度和飞行时间，只有当飞行时间相同时，射程才与水平初速度有正向共变的关系（单因素分析法），而在我们这个问题中，从较深的侧孔喷出的水流速度大，但运动时间短，故射程与深度不一定有正向共变关系.

下面，我们再做一详尽讨论.

如图 5.26 所示，设水面高度为 H，在距水面 h 深处开一小孔 A，根据伯努利方程*，可得出从 A 孔中喷射出的液体的初速度为

$$v_0 = \sqrt{2gh}$$

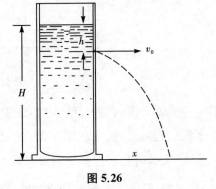

图 5.26

根据平抛运动规律

$$\begin{cases} H - h = \dfrac{1}{2}gt^2 \\ x = v_0 t \end{cases}$$

---

* 伯努利方程是流体力学中的一个基本方程，它的表达式是：$p + \rho g h + \dfrac{1}{2}\rho v^2 =$ 常数，其中 p 为液体压强，ρ 为密度，h 为高度，v 为流速，p_0 为大气压强. 从液面某点到孔 A 可列方程（选液面高度为零）：$p_0 = p_0 - \rho g h + \dfrac{1}{2}\rho v^2$，得 $v = \sqrt{2gh}$.

得水平射程

$$x = 2\sqrt{(H-h)\cdot h} = 2\sqrt{\frac{H^2}{4}-\left(h-\frac{H}{2}\right)^2}$$

画出 x 随 h 变化的图像,如图 5.27 所示,可以看出,当 $h<H/2$ 时,x 与 h 有正向共变关系;当 $h=H/2$ 时,x 有极大值;当 $h>H/2$ 时,x 与 h 有异向共变的关系.

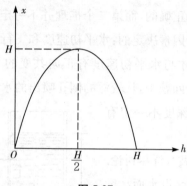

图 5.27

也就是说,在 $h<H/2$ 时,在液体内部越深的地方开孔,喷出的水流射程越远;在 $h>H/2$ 时,情况则相反.如果筒壁开孔的位置不合适,实验时会获得相反的效果.

(3) 归纳法在析因实验中的应用

析因实验是一种由已知结果去寻找原因的实验.在物理学发展历史中,为寻找"蛙腿痉挛"原因而进行的伽伐尼—伏打实验;为探索 X 光与荧光关系的贝克勒尔实验,都属于析因实验.在中学物理中,我们也做过不少析因实验,而在进行析因实验时,就要用到判断因果关系的归纳法.

例如,我们在研究沸腾现象产生的机理时可以做如图 5.28 所示的实验:在大烧杯中放一个盛水的小试管,用酒精灯加热烧杯,用两支温度计分别测量大烧杯中的水和小试管中的水的温度.在实验中

5 归纳和演绎的方法在中学物理中的应用

可以观察到,随着加热,烧杯中和试管中的水的温度都升高.当两者温度均达到 100 ℃时,会看到烧杯中的水沸腾了,而试管中的水并不沸腾,这是什么原因呢?

我们用"差异法"去分析.烧杯中的水和试管中的水均达到 100 ℃,各方面条件均同,唯一不同的是:达到 100 ℃后,烧杯中的水与热源有接触,可从热源中继续吸取热量;而试管中的水与烧杯中的水同温,不能从烧杯中的水中吸收热量(温度差是热传导的前提).因此,通过分析我们可以得出结论:试管中的水不能沸腾而烧杯中的水能沸腾的原因是前者不能继续吸收热量,后者可以继续吸收热量.从这个实验可以得出结论:液体达到沸点以后,只有继续吸收热量才能沸腾.也就是说,一定量的液体变成同温度的气体,必须吸收热量,从这个实验可引出汽化热的概念.

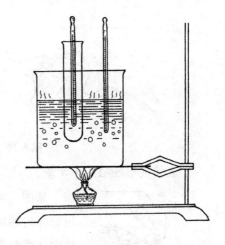

图 5.28

根据归纳法中的"差异法",我们还可以设计出一些十分有趣的小实验,举例如下.

① 验证大气压存在的小实验

两把**外观完全相同**的茶壶均装满水,倾斜后,其中一个倒出水来,另一个倒不出水来,如图 5.29 所示.为什么? 这时,如果我们细心地去寻找它们之间的差异,就会发现 A 壶盖上**有一小孔**,B 壶盖上**无小孔**.根据"差异法",可以得出未开小孔是水壶倒不出水的原因这一结论.进一步分析,可以巩固大气压的知识.

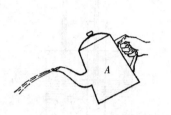

图 5.29

② 表演失重现象的小实验

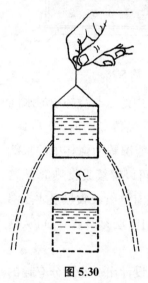

图 5.30

如图 5.30 所示,用一只空罐头盒,在靠近底部的侧面开两个小孔,装入水后,两孔均向外喷水.当松手后,罐头盒自由下落,发现不喷水了.原因何在?根据"差异法",自由下落是不喷水的原因.喷水是液体对容器侧壁有压强的表现,而液体的压强是由液体重量产生的.在自由下落的情况下,水处于失重状况,而由重量引起的压强消失,水不喷出.这个实验生动地说明了失重的道理.

③ 表演平衡条件的小实验

取两个**外观完全相同**的长圆柱形硬纸筒(其截面圆半径为 R),往里面放两个相同的钢球$\left(半径为 r, \dfrac{R}{2} < r < R\right)$,用手扶住两纸筒,使其直立(图 5.31),将手撤去以后,我们发现一个奇怪的现象:A 筒翻倒,B 筒不翻倒.重复几次,总是这样的结果.这是什么原因呢?

根据"差异法",A、B 之间的差异是翻倒与不翻倒的原因.观察后发现,A **筒无底**,B **筒有底**.显然,无底是翻倒的原因,有底是不翻的原因.下面,我们做一理论分析.

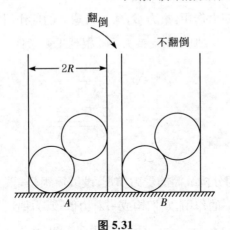

图 5.31

先分析 A 筒,如图 5.32 所示,球 O_1(上方的球)受三力作用:重力 G、球 O_2(下面的球)对它的支持力 N_1,筒壁对其支持力 N_2,由平衡条件得

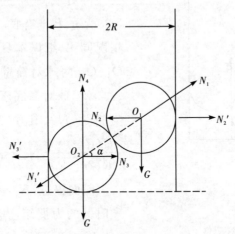

图 5.32

$$N_1 = \frac{G}{\sin \alpha} = \frac{Gr}{\sqrt{R(2r-R)}}$$

$$N_2 = G\cot \alpha = \frac{G(R-r)}{\sqrt{R(2r-R)}}$$

球 O_2 受四力作用:重力 G,球 1 对球 2 的反作用力 N_1',筒壁对球 2 的作用力 N_3,地面的支持力 N_4.根据平衡条件可得出

$$N_1' = N_1 = \frac{Gr}{\sqrt{R(2r-R)}}$$

$$N_3 = N_2 = \frac{G(R-r)}{\sqrt{R(2r-R)}}$$

$$N_4 = 2G$$

下面,我们分析纸筒的受力情况.设纸筒很轻,重力不计.则其受二力 N_2' 和 N_3' 的作用,它们构成一对力偶,其力偶矩为

$$M = N_2' \cdot 2\sqrt{R(2r-R)} = 2G(R-r)$$

方向为顺时针,这个力偶矩作用于纸筒上,必使纸筒沿顺时针方向倾倒.

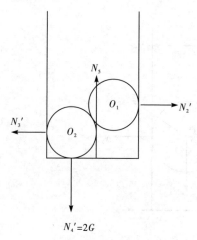

图 5.33

再对纸筒 B 进行分析.如图 5.33 所示,B 筒有底,其中两球受力情况同 A.纸筒本身受四力作用:O_1、O_2 两球对筒壁压力为 N_2'、N_3',O_2 球对筒底压力 N_4',地面支持力 N_5,其中 $N_2' = N_3' = \frac{G(R-r)}{\sqrt{R(2r-R)}}$,$N_4' = 2G$,$N_5 = 2G$.

前面提过,N_2' 和 N_3' 构成一顺时针的力偶矩,其大小为 $M = 2G(R-r)$,而 N_4' 与 N_5 也构成一力偶矩,其方向为逆时针,大小为

$$M' = 2G(R-r)$$

因此,两对力偶矩的转动效果相抵消,有底的纸筒 B 处于平衡态,这就是把手撤去后,B 筒不倒的原因.

6 归纳和演绎的方法在中学物理解题中的应用

6.1 正确运用归纳和演绎的方法

(1) 以矢量合成的多边形定则为例,看演绎法在解题中的作用

物理学中的定则、定律、公式等是通过大量经验事实或实验事实概括出来的普遍性的结论,而物理解题则是运用这些具有一般意义的定则、定律、公式去分析解决具体的、个别的问题.从思维方法的角度看,定则、定律、公式的建立是一个从特殊到一般的归纳过程;而解题则是从一般到特殊的演绎过程.

下面,我们以"矢量合成的多边形定则"为例来说明这个问题.

我们知道,力、位移、速度、加速度等物理量称为矢量.矢量合成遵循"平行四边形定则",力的平行四边形定则又可简化为力的三角形定则,如图 6.1 所示,矢量 a 与矢量 b 首尾相接,连接 a 的尾和 b 的首,即得矢量 a、b 的和$(a+b)$.如果将矢量合成的三角形定则加以推广,可得力的合成的多边形定则: n 个矢量合成时,可将它们依次首尾相接,最后将第一个矢量的尾与第 n 个矢量的首相连,即得它们的合矢量(如图 6.2 所示).

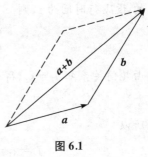

图 6.1

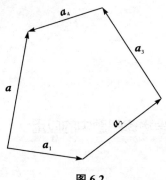

图 6.2

矢量合成的多边形定则是用归纳法总结的,然而经过演绎推理,可以应用它去解决各种具体问题(如位移的合成、速度的合成、加速度的合成等),在静力学、动力学、电磁学等方面有广泛的应用.下面举例说明.

① 位移的合成

例题 1 小球自高 $h=0.5$ m 处自由下落到倾角 $\alpha=30°$ 的斜面上,如果球和斜面发生弹性碰撞,求小球再次碰到斜面处与第一次碰到斜面处的距离 L,如图 6.3 所示.

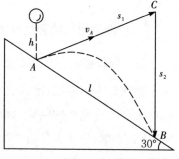

图 6.3

分析与解答 小球落到 A 点后,速度为 $v_A=\sqrt{2gh}$,碰后沿 AC 方向弹出.根据弹性碰撞原理,反弹速度 v_A 的方向与 AB 成 $60°$ 角,其大小不变.落至 B 点后,小球实际位移为 L.根据矢量合成的三角形定则,这个位移可认为是沿 v_A 方向的匀速直线运动的位移 s_1 和沿竖直方向的自由落体位移 s_2 合成的.设飞行时间为 t,则

$$s_1=v_A t, \quad s_2=\frac{1}{2}gt^2$$

由几何关系知 $s_1=s_2$,得

$$t=2v_A/g$$

所以

$$L=s_1=v_A t=2v_0{}^2/g=4h=2 \text{ m}$$

② 速度的合成

例题 2 一条宽为 L 的河流，水流速度为 u，如图 6.4 所示.

(1) 为使船从 A 点出发到达对岸的 B 点（B 离 A 的正对岸 C 距离为 s），问小船相对于水的速度至少多大？

(2) 若这条船相对于水的速度 v 大小已确定（$v < u$），则它的航行方向如何，才能使它到达对岸时向下游行驶的距离最小？

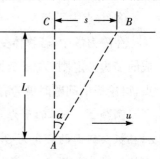

图 6.4

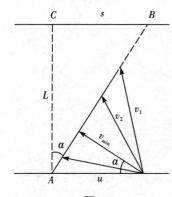

图 6.5

分析与解答 (1) 船对地的速度由水流速度 u 与船对水的速度 v 合成，如图 6.5 所示，由矢量合成的三角形定则知，在可能的船对水的速度 $v_1, v_2, \cdots$ 中，最小值为

$$v_{\min} = u\cos\alpha = u\frac{L}{\sqrt{L^2 + s^2}}$$

(2) 如图 6.6 所示，船的合速度由水流速度 u 和船对水的速度 v 合成. 以 u 矢量的端点为圆心，以 v 为半径做一圆，圆周上各点是矢量 v 的端点的可能位置，过 A 点做圆的切线，这时得到的 v 的方向是使船能到达对岸离 C 最近点 B 的船速方向（若船相对于水的速度方向为 v'，则可到达对岸的 B' 点，显然 $CB' > CB$）. 这时船对水的速度与岸的夹角为 β，则

$$\beta = \arccos(v/u)$$

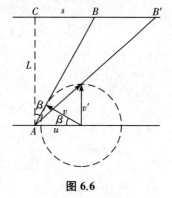

图 6.6

③ 共点力平衡

在静力学中,若物体受到三个共点力的作用而平衡,根据矢量合成的多边形定则,这三个力矢量一定构成封闭三角形.利用这个特点,讨论极值问题时极为有用.

例题 3 一球的重力为 G,置于斜面和挡板间,已知斜面倾角为 α,挡板与斜面的夹角为 β,不计一切摩擦,求斜面对球的作用力 N_1 和挡板对球的作用力 N_2.若 α 不变而 β 可以改变,问 β 为何值时,N_2 最小?

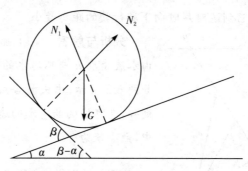

图 6.7

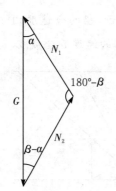

图 6.8

分析与解答 如图 6.7 所示,球受三力作用:重力 G 和弹力 N_1、N_2,根据矢量合成的多边形定则,三力矢量应构成一封闭三角形(如图 6.8 所示).从几何关系可得

$$N_1 = G \cdot \frac{\sin(\beta-\alpha)}{\sin(180°-\beta)} = G \cdot \frac{\sin(\beta-\alpha)}{\sin\beta}$$

$$N_2 = G \cdot \frac{\sin\alpha}{\sin(180°-\beta)} = G \cdot \frac{\sin\alpha}{\sin\beta}$$

从 N_2 的表达式可知,当 $\beta = 90°$ 时,N_2 取极小值.

④ 加速度的合成

根据牛顿第二定律,质点做匀变速运动时所受诸力的矢量和应

等于 ma,合矢量的方向与加速度同向.许多时候用上述多边形定则并结合几何关系解题,往往比用代数法列方程解题要简捷和直观.

例题 4 如图 6.9 所示,当小车以加速度 a 沿倾角为 α 的斜面向上做匀加速运动时,求悬线与竖直方向所张的角度 θ 以及悬线的张力 T.

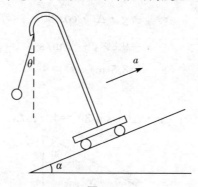

图 6.9

分析与解答 球受二力作用:重力 mg、绳的拉力 T,由三角形定则知:此二力的合力应为 ma(图 6.10),由几何关系得

$$\tan(\alpha+\theta)=\frac{ma+mg\sin\alpha}{mg\cos\alpha}$$

所以

$$\theta=\arctan\left(\frac{g\sin\alpha+a}{g\cos\alpha}\right)-\alpha$$

$$T=m\sqrt{a^2+g^2+2ag\sin\alpha}$$

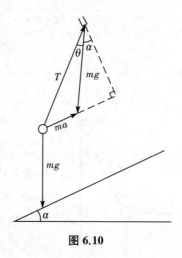

图 6.10

⑤ 动量合成

例题 5 在高楼的窗口,以与水平方向成 $30°$ 角的各种不同大小的速度斜向上抛一小球,试问以多大的速率抛球,可以使球在抛出 1s 以后的速度取极小值?此极小值为多大?

分析与解答 设 1s 末速度为 v_t,由动量定理知:mv_0、mv_t 与

$mg \cdot \Delta t$ 应构成一矢量三角形(即重力的冲量应等于小球动量的增量),如图 6.11 所示.随着 v_0 大小的变化,在这矢量三角形中,$mg \cdot \Delta t$ 的大小、方向均不变;v_0 的方向不变而大小可变;v_t 的大小、方向均变.从图 6.11 可以看出,当 $\boldsymbol{v}_t \perp \boldsymbol{v}_0$ 时,v_t 取极小值 $v_{t\min}$,且

$$v_{t\min} = g \cdot \Delta t \cdot \cos 30°$$
$$= 9.8 \times \sqrt{3}/2 \text{ m/s}$$
$$= 8.5 \text{ m/s}$$

所以

$$v_0 = g \cdot \Delta t \cdot \sin 30° = 4.9 \text{ m/s}$$

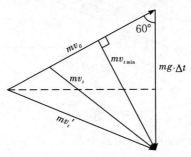

图 6.11

⑥ 结合磁场力的共点力平衡

例题 6 如图 6.12 所示,质量为 m 的一段导线,通过垂直于纸面向里的稳恒电流以后,用细绳悬挂于竖直向下的匀强磁场中,细线偏离竖直方向成 θ 角而静止.若改变磁感强度的方向(大小保持不变),可以使线与竖直方向的夹角增大,当这个夹角为最大时,磁感强度与竖直方向的夹角为多大?

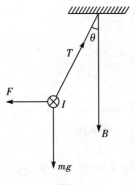

图 6.12

分析与解答 导线受三力作用:重力 mg、线的拉力 T、磁场的作用力(安培力)F,这三个力构成封闭三角形

(图 6.13),从几何关系得:$F = mg \cdot \tan \theta$. 随着磁场 B 方向的改变(大小不变),安培力方向改变但大小不变;重力 mg 大小、方向均不变;拉力 T 大小、方向均变.根据三角形定则,矢量三角形关系始终成立(图 6.14),从图中可以看出,B 方向改变时,F 方向也改变,F 矢量端点在空中画一圆弧.从几何关系知:当 T 与 F 方向垂直时,细线与竖直方向夹角 β 为最大,此时 B 与 F 方向应垂直,即 B 与 T 方向相同,由此可见

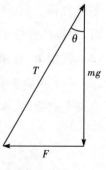

图 6.13

$$\beta = \arcsin\left(\frac{F}{mg}\right) = \arcsin(\tan \theta)$$

即细线与竖直方向夹角最大时,磁感强度和竖直方向夹角应为 $\arcsin(\tan \theta)$.

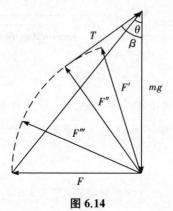

图 6.14

(2) 习题的归类与整理——归纳法在解题中的作用

物理习题浩若烟海,如果盲目地陷入题海,则将无谓地耗费许多精力.实际上,不少物理习题所描绘的图景虽纷繁复杂、情况各异,但往往包含着共同的本质,解这些习题也遵循共同的规律.如果我们善于将这类习题进行归纳、整理,找出这类问题的共同本质以及共同的

解题规律,不仅可以节约精力,而且能加深对物理规律的本质的理解,对提高分析问题的能力也是很有益的.

例题 1 请看下面几个例题(图 6.15):

(a) 人的质量为 m,船的质量为 M,船长 L,在静水中,人从船的左端走到右端,求船后退的距离 s.

$$\left(答案:s=\frac{m}{M+m}\cdot L\right)$$

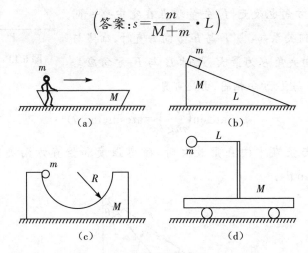

图 6.15

(b) 质量为 m 的小滑块起初静止于质量为 M 的斜面的顶端,斜面底边长为 L,一切摩擦不计.当 m 滑至斜面底端时,求斜面后退的距离 s.

$$\left(答案:s=\frac{m}{M+m}L\right)$$

(c) 质量为 m 的小球静止置于半圆形凹槽的左端,带有凹槽的滑块质量为 M,凹槽圆半径为 R,一切摩擦不计.当 m 滑至凹槽最右端时,求滑块 M 滑动的距离 s.

$$\left(答案:s=\frac{m}{M+m}\cdot 2R\right)$$

(d) 质量为 M 的小车上固定一杆,杆上系一长为 L 的绳子,绳

端系一质量为 m 的小球.起初小车静止,绳被拉直处于水平状态,球 m 处于左端.将小球由静止释放后,球摆下并继续摆至最右端时,小车 M 的位移 s 为多大?

$$\left(答案:s=\frac{m}{M+m}\cdot 2L\right)$$

这四个问题表面上看起来不同,其实,内在规律都是相同的:M、m 组成的系统在水平方向动量守恒.根据这个规律解出的结果也完全相似.如果将这一组问题放在一起学习,效果将会更好.

例题 2 请看下面一组例题:

(a) 在光滑的水平地面上有一静置物块 m_2,m_2 的左面固定一劲度系数为 k 的弹簧,另一个质量为 m_1 的物块以速度 v_1 向 m_2 运动,两者相碰(图 6.16).① 求弹簧的最大压缩量;② 最后 m_1、m_2 两者的速度分别为多大?

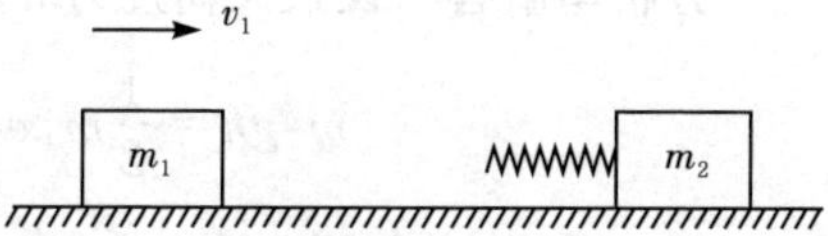

图 6.16

分析与解答 当 m_1、m_2 达到共同速度时,弹簧压缩量最大,根据动量守恒定律和能量转化和守恒定律

$$\begin{cases} mv_1=(m_1+m_2)v' \\ \frac{1}{2}kx^2=\frac{1}{2}m_1v_1^2-\frac{1}{2}(m_1+m_2)v'^2 \end{cases}$$

可得 $\frac{1}{2}kx^2=\frac{1}{2}m_1v_1^2\left(\frac{m_2}{m_1+m_2}\right)$,即

$$x=\sqrt{\frac{m_1\cdot m_2}{k(m_1+m_2)}}\cdot v_1$$

最后两者速度分别为

$$v_1'=\frac{m_1-m_2}{m_1+m_2}v_1,\quad v_2'=\frac{2m_1v_1}{m_1+m_2}$$

(b) m_2 为带有 1/4 圆弧槽的小车,质量为 m_1 的小球以水平初

速度 v_1 冲上圆弧槽后,带动小车 m_2 运动,一切摩擦不计.求:

① m_1 在圆弧槽上上升的最大高度 h;② m_1 与 m_2 分离时各自的速度 v_1' 和 v_2'(图 6.17).

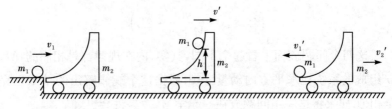

图 6.17

分析与解答 设最大高度为 h,则

$$m_1 gh = \frac{1}{2}m_1 v_1^2 \left(\frac{m_2}{m_1+m_2}\right)$$

m_1 与 m_2 分离时速度分别为

$$v_1' = \frac{m_1-m_2}{m_1+m_2}v_1, \quad v_2' = \frac{2m_1}{m_1+m_2}v_1$$

(c) 在光滑的水平轨道上有两个小球 A 和 B,质量分别为 m_1 和 m_2.当两球间距离大于 l 时,两球之间无作用力;当两球距离等于或小于 l 时,两球间存在相互作用的恒定斥力 F.设 A 球从远离 B 球处以速度 v_1 沿两球连心线向原来静止的 B 球运动,如图 6.18 所示.

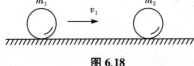

图 6.18

① 欲使两球不发生接触,则 v_1 必须满足什么条件?② 若两球不接触,则最后两球达到的速度分别为多大?(球的线度相对于 l 可略去不计.)

分析与解答 ① 欲使两球不接触,必须满足

$$Fl > \frac{1}{2}m_1 v_1^2 \left(\frac{m_2}{m_1+m_2}\right)$$

即

$$v_1 < \sqrt{\frac{2Fl(m_1+m_2)}{m_1 \cdot m_2}}$$

② 最后两球达到的速度分别为 $v_1{}'$、$v_2{}'$，即

$$v_1{}' = \frac{m_1-m_2}{m_1+m_2}v_1, \quad v_2{}' = \frac{2m_1}{m_1+m_2}v_1$$

(d) 质量为 m_2 的小车静置于光滑的水平地面上，小滑块 m_1 以水平初速度 v_1 滑上小车，滑块 m_1 与小车 m_2 之间的摩擦系数为 μ，求 m_1 在 m_2 上滑动的最大位移（相对于小车）(图 6.19)。

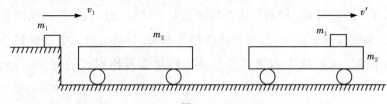

图 6.19

分析与解答　设滑动的最大位移是 s，则有

$$fs = \mu m_1 g s = \frac{1}{2}m_1 v_1^2 \left(\frac{m_2}{m_1+m_2}\right)$$

$$s = \frac{m_2 v_1^2}{2\mu g(m_1+m_2)}$$

(e) 质量为 m_2 的木块置于光滑水平地面上，质量为 m_1 的子弹以水平速度 v_1 射入木块，求子弹深入木块的最大相对位移 d（设子弹受到的阻力为 f）(图 6.20)。

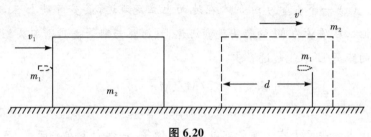

图 6.20

分析与解答　根据

$$fd = \frac{1}{2}m_1v_1{}^2\left(\frac{m_2}{m_1+m_2}\right)$$

有

$$d = \frac{m_1m_2v_1{}^2}{2f(m_1+m_2)}$$

归纳(a)、(b)、(c)、(d)、(e)五个例子,发现它们有相同的内在规律,都是m_2原静止,m_1原运动;两者作用前后在水平方向动量守恒;在m_1的速度大于m_2的速度的阶段,两者的相对位移逐渐减小,相互作用力对m_1做的负功在数值上大于对m_2做的正功,由动能定理,系统总动能减少;在两者速度相等的瞬间,系统总动能达到最小值.此时,系统减少的那部分总动能转化为其他形式的能,在(a)、(b)、(c)情况下转化为相应的势能(弹性势能、重力势能、斥力势能).在(d)、(e)情况下,则转变为热能,因而五种情况的计算结果是类似的.这几种情况的不同点是:(a)、(b)、(c)三种情况下,积累的势能又会转化为动能,最终系统的动能、动量均不变.可以说,(a)、(b)、(c)三种情况属于弹性碰撞范畴,m_1、m_2间的相互作用力称为保守力;而(d)、(e)两种情况下,转化为热能的那部分能量不会自动地再转化回动能,因而最终系统动量守恒而动能不守恒,可以说,(d)、(e)两种情况属非弹性碰撞范畴,m_1、m_2的相互作用力是非保守力(耗散力).

例题 3 请看下面几个例题:

(a) 一个质量为m的人在地面上立定跳远,最多可跳L米,现在他立在质量为M的船头跳到河岸上(河岸与船等高),则船头距河岸的距离L'不能超过多少?

(答案:$L' \leqslant \sqrt{M/(M+m)} \cdot L$)

(b) 如图 6.21 所示,在光滑的桌面上放一个质量为M的小车,在小车的平面上有一质量可以忽略的弹簧,一端固定在平面上,另一端用质量为m的小球将弹簧压缩一定的距离后用线捆住,用手将小

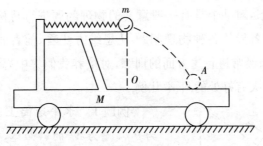

图 6.21

车固定在桌面上,然后烧断捆小球的细线,小球就被弹出,落在车上 A 点,已知 $\overline{OA}=s$,如果小车不固定而烧断细线,球将落在 A' 处,求 $\overline{OA'}$ 的长度为多少?(车足够长,球不至落在车外.)

$$\left(答案:\overline{OA'}=\sqrt{(M+m)/M}\cdot s\right)$$

(c) 质量为 m 的子弹沿水平方向以速度 v_0 射入静止在光滑水平面上质量为 M 的木块.当木块固定不动时,子弹深入木块 d 停下;若木块能自由滑动,则子弹进入木块的深度是多少?

$$\left(答案:d'=\frac{M}{M+m}\cdot d\right)$$

上述三个问题有共同的内在规律:① 第二个物体都有"固定"与"不固定"两种情况;② 第二个物体不固定时,两物体组成的系统都符合动量守恒定律;③ "固定"与"不固定"两种情况下总能量相同.(a)中人跳跃时消耗的体能在前一情况下转化为人的动能,在后一情况下转化为人和船的动能;(b)中弹簧的能量在前一种情况下转化为球的动能,在后一种情况下转化为球与小车的动能;(c)中子弹的动能在前一种情况下全部转化为热能,后一种情况下转化为热能和动能(木块和子弹的动能).

(3) "多题归一"和"一题多用"——解题中归纳和演绎法的综合运用

在解题中我们经常会发现这种情况:一些习题所描述的物理问题虽各不相同,但它们都可以看成某个具有一般意义的物理问题的特例;反过来,对某个具有一般意义的物理问题进行特例讨论,又可以引出情况各异的各种物理问题.从思维方法看,前者属于归纳,后者属于演绎.经常进行这方面的训练,对培养我们集中思维和发散思维的能力是大有好处的.下举几例.

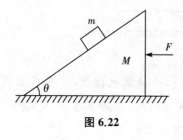

图 6.22

例题 1 水平地面上放置一倾角为 θ、质量为 M 的斜面体,斜面上再搁置一质量为 m 的小物块,一切摩擦不计.现用水平力 F 推斜面体,恰好使 m、M 无相对运动地共同前进,如图 6.22 所示,求推力 F 的大小.

(请读者自行解之.答案是:$F=(M+m)g\tan\theta$,并可求出:$a=g\tan\theta$,m 与 M 的相互压力为 $N_1=mg/\cos\theta$,地面对 M 的支持力 $N_2=(M+m)g$.)

例题 2 斜面体与小物块 m 的放置仍如上例,无力 F 的作用,求 M 运动的加速度 a_1、m 相对于 M 的加速度 $a_{相}$、M 与 m 的相互作用力 N_1 以及地面对 M 的支持力 N_2.

(答案:

$$a_1=\frac{m\sin\theta\cos\theta}{M+m\sin^2\theta}g;$$

$$a_{相}=\frac{(M+m)\sin\theta}{M+m\sin^2\theta}g;$$

$$N_1=\frac{Mm\cos\theta}{M+m\sin^2\theta}g;$$

$$N_2=Mg+\frac{Mm\cos^2\theta}{M+m\sin^2\theta}g\text{)}$$

例题 3 斜面体 M 与小物块 m 放置情况如例题 1.现用水平力 F 推 M,恰好使 M 静止,求 F.

(答案是:$F=mg\sin\theta\cos\theta$,并可求出 $a_1=0$,$a_{相}=g\sin\theta$,$N_1=$

$mg\cos\theta$,$N_2=Mg+mg\cos^2\theta$.)

例题 4 斜面体 M 与小物块 m 放置情况如例题 1,问至少用多大的力 F 向右拉 M,才可使 m 自由下落.

(答案是:$F=Mg\cot\theta$,这时,$a_1=g\cot\theta$,$a_{相}=g/\sin\theta$,$N_1=0$,$N_2=Mg$.)

仔细分析例题 1～例题 4,发现它们是描述同一物理问题的几种特例,这个物理问题就是例 5.

例题 5 如图 6.23 所示,水平地面上放置一个倾角为 θ、质量为 M 的斜面体,其上再放置一质量为 m 的小物块,一切摩擦不计.现用水平力 F 推(或拉)斜面体 M,求 M 的加速度 a_1,m 相对于 M 的加速度 $a_{相}$,m 与 M 间的相互作用力 N_1,以及地面对 M 的支持力 N_2.

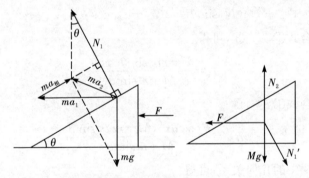

图 6.23

下面,我们用动力学知识和矢量的几何图解法分析当 F 取某些值时可能出现的各种情况,得出这个问题的完整的解,并用前述例题 1～例题 4 的特殊情况加以验证.

首先,我们定性地做一番讨论.当推力 F 很大时,M 向左加速,m 有相对于 M 的向上的运动;

当推力 F 恰等于某一临界值时,M、m 共同前进;

当推力小于该临界值时,M 向左加速,m 相对于 M 向下滑动;

当推力减至另一临界值时,M 静止,m 下滑;

当用更小的力 F 作用时,M 向右加速,m 下滑;

当用较小的拉力向右拉动 M 时,M 向右加速,m 仍下滑;

当拉力达到某临界值时,m 与 M 相脱离,m 自由下落.

如图 6.23 所示,设推力 F 较大,M 有向左的加速度 a_1,m 相对于 M 向上加速,相对加速度为 $a_{相}$,m 受二力作用:重力 mg 及 M 的支持力 N_1,其合力等于 ma_2(a_2 为 m 对地面的加速度,a_2 应由 a_1 及 $a_{相}$ 合成).从图中可以看出

$$a_{相} = a_1 \cos\theta - g\sin\theta \qquad ①$$

对 M(如图 6.23),由 $\sum F_x = Ma_x$,得

$$F - N_1\sin\theta = Ma_1 \qquad ②$$

对 m,由 $\sum F_x = Ma_x$,得

$$N_1\sin\theta = m(a_1 - a_{相}\cos\theta) \qquad ③$$

综合式①、②、③,可得

$$a_1 = \frac{F - mg\sin\theta\cos\theta}{M + m\sin^2\theta} \qquad ④$$

综合式①、④,得

$$a_{相} = \frac{F\cos\theta - (M+m)g\sin\theta}{M + m\sin^2\theta} \qquad ⑤$$

由图中的几何关系,可得

$$N_1 = mg\cos\theta + ma_1\sin\theta$$
$$= mg\cos\theta + \frac{m(F - mg\sin\theta\cos\theta)\sin\theta}{M + m\sin^2\theta} \qquad ⑥$$

对 M,由 $\sum F_y = 0$,得

$$N_2 - Mg - N_1\cos\theta = 0 \qquad ⑦$$

对 m,由 $\sum F_y = ma_y$,得

$$N_1\cos\theta - mg = ma_{相}\sin\theta \qquad ⑧$$

由式⑥、⑦,得

$$N_2 = Mg + mg + ma_{相}\sin\theta$$

6 归纳和演绎的方法在中学物理解题中的应用

$$= (M+m)g + m\sin\theta \cdot \frac{F\cos\theta - (M+m)g\sin\theta}{M+m\sin^2\theta} \quad ⑨$$

式④、⑤、⑥、⑨分别表达了在推力 F 作用时 M 的加速度 a_1、m 的相对加速度 $a_{相}$、m 与 M 间压力 N_1 以及地面对 M 的支持力 N_2 的大小. 若 a_1 为负值,则表示 M 向右加速,若 $a_{相}$ 为负值,则表示 m 沿斜面下滑. 如果加拉力于 M 上,则只需在各式中将 F 以负值代入即可.

下面,我们看看式④、⑤、⑥、⑨在例 1～例 4 所描述的特殊情况下是否成立.

在式⑤中,令 $a_{相}=0$,则得

$$F=(M+m)g\tan\theta$$

将 F 值代入式④,得

$$a_1 = g\tan\theta$$

将 F 值代入式⑥,得

$$N_1 = mg/\cos\theta$$

将 F 值代入式⑨,得

$$N_2 = (M+m)g$$

这些都完全符合例题 1 的结果.

将 $F=0$ 分别代入式④、⑤、⑥、⑨,可得出

$$a_1 = \frac{-m\sin\theta\cos\theta}{M+m\sin^2\theta}g$$

$$a_{相} = \frac{-(M+m)\sin\theta}{M+m\sin^2\theta}g$$

$$N_1 = \frac{Mmg\cos\theta}{M+m\sin^2\theta}$$

$$N_2 = Mg + \frac{Mmg\cos^2\theta}{M+m\sin^2\theta}$$

这完全符合例题 2 的结果.

令 $a_1=0$，由式④得

$$F = mg\sin\theta\cos\theta$$

将 F 代入式⑤、⑥、⑨，可得 $a_{相}=-g\sin\theta$，$N_1=mg\cos\theta$，$N_2=Mg+mg\cos^2\theta$，这完全符合例题 3 的结果.

令 $a_1=-g\cot\theta$，代入式②，可得

$$F = -Mg\cot\theta$$

将 F 分别代入式⑤、⑥、⑨，分别得

$$a_{相}=-g/\sin\theta, \quad N_1=0, \quad N_2=Mg$$

完全符合例题 4 的结果.

6.2 防止错误的归纳和演绎

(1) 在归纳中要防止"急遽概括"的错误

在本书第 1 章中，我们谈过在归纳推理中"急遽概括"的错误，就是在归纳中根据少量的事实或非本质属性，仓促地、轻率地得出普遍性结论.

在人类认识自然的过程中，这种错误是相当普遍的.古代人们看到一个原来静止的物体只有在力的推动下才能运动起来，停止用力后，物体又会逐渐停下来.久而久之就根据这些直观的感觉进行归纳，得出"力是物体产生运动的原因"的结论.人们看到石头、铁片之类较重的物体在空中下落比羽毛、纸片之类较轻的物体来得快，于是归纳出"重的物体比轻的物体下落快"的结论.古希腊亚里士多德就把这些"急遽概括"得出的错误结论奉为至宝.前面提过，即使像牛顿这样伟大的物理学家也难免有这样的失误.

中学生朋友们在学习物理时，往往自觉或不自觉地运用归纳法分析问题，有时也会犯"急遽概括"的错误.

物体对斜面的压力总是等于 $mg\cos\theta$ 吗

6 归纳和演绎的方法在中学物理解题中的应用

物体多重,对水平支承面的压力就多大,这样的例子简直是太多了.例如,你的体重为 500 N,那么你站在磅秤上,对磅秤的压力也就是 500 N,因而磅秤的读数显示 500 N.于是不少同学就归纳出这样的结论:"物体的重力等于它对水平支承面的压力."这个论断正确吗?

这个结论是错误的,这些同学犯了"急遽概括"的错误,其原因是:

① 他们从少数事实中轻率地做出普遍结论;

② 他们只看到了表面现象而未做本质的分析.

假如这些同学多考察一些事实,例如考察图 6.24 所示的实例,就会发现 M 对地面的压力不等于 Mg,而等于 $(M-m)g$.又例如,在竖直方向有加速度的升降机中,人站在磅秤上看到磅秤的读数,就会发现它并不等于人的重力.

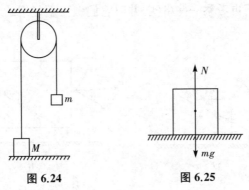

图 6.24   图 6.25

实际上,我们应对这个问题做本质分析.如图 6.25 所示,重物受两力作用:重力 mg 和水平面支持力 N,若物体在竖直方向无加速度,则 $N-mg=0$,即 $N=mg$.根据牛顿第三定律,物体对支承面的压力等于支承面对物体的支持力 N,所以物体对水平面的压力等于其重力.倘若在竖直方向上物体除受重力 mg 和支持力 N 外还受力的作用,或物体在竖直方向存在加速度,那么,上述结论就不成立.

同样,很多同学有这样的错误认识:"在斜面上的物体对斜面的

压力等于 $mg\cos\theta$(m 为物体质量,θ 为斜面倾角)."究其原因,他们也是根据少量的事实,未做本质分析,而轻率地得出了结论.

例如图 6.26 所示的几种情况下:(a) 物体静止于斜面上,对斜面的压力为 $mg\cos\theta$;(b) 物体沿斜面下滑,对斜面压力为 $mg\cos\theta$;(c) 在光滑斜面上,被平行于斜面的绳系住的物体对斜面的压力为 $mg\cos\theta$.于是,一些学生就仅仅根据这些事实,得出"物体对斜面的压力等于 $mg\cos\theta$"的结论.

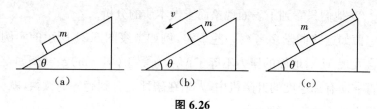

图 6.26

如果我们再考察一些事实,并对它们做一下仔细的分析,情况就不一样了.

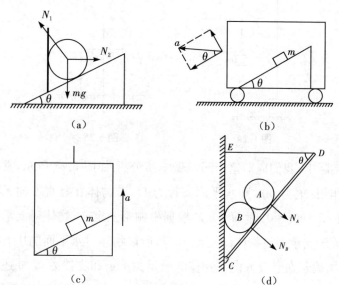

图 6.27

6 归纳和演绎的方法在中学物理解题中的应用

如图 6.27(a)所示,质量为 m 的球被竖直挡板挡住,静止于斜面上,一切摩擦不计.球受三力作用:重力 mg、斜面支持力 N_1、挡板弹力 N_2.由平衡条件知 $N_1=mg/\cos\theta$,根据牛顿第三定律,球对斜面的压力为 $mg/\cos\theta$ 而不等于 $mg\cos\theta$.

如图 6.27(b)所示,斜面固定在车厢中,倾角为 θ,当车厢有水平加速度 a 时,质量为 m 的物体静止在斜面上.物体受三力作用:重力 mg、斜面支持力 N、斜面的静摩擦力 f.将加速度 a 沿平行于斜面和垂直于斜面方向分解,列出垂直于斜面方向上的牛顿第二定律方程:

$$N-mg\cos\theta=ma\sin\theta$$

所以,有

$$N=mg\cos\theta+ma\sin\theta$$

由牛顿第三定律,物体对斜面的压力等于 $(mg\cos\theta+ma\sin\theta)$ 而不等于 $mg\cos\theta$.

如图 6.27(c)所示,斜面固定在升降机中,物体 m 置于斜面上,当升降机加速上升时,m 对斜面的压力就等于 $m(g+a)\cos\theta$ 而不等于 $mg\cos\theta$.

如图 6.27(d)所示,质量均为 m 的球静置于夹板上,一切摩擦不计.则 A 球对板的压力为

$$N_A=mg\cos\theta$$

而 B 球对板的压力为

$$N_B=mg\cdot\frac{(1+\sin^2\theta)}{\cos\theta}$$

通过对以上实例的分析,我们可以做出如下的科学归纳:

"置于斜面上的物体,如果在垂直于斜面的方向上仅受斜面支持力 N 和重力的分量 $mg\cos\theta$ 的作用,而且在此方向上无加速度,则物体对斜面的压力为 $mg\cos\theta$(m 为物体质量,θ 为斜面倾角).否则,上述结论并不成立."

将物体匀速拉上斜面,斜面倾角越小越省力吗

一个同学做了如图 6.28 所示的三个实验:将同一木块放在倾角不同的三个斜面上($\theta_3 > \theta_2 > \theta_1$),木块与斜面间的动摩擦因数相同.分别用弹簧秤将木块沿斜面匀速拉上去,结果发现三次拉力的大小 $F_3 > F_2 > F_1$(图 6.28),于是他归纳出一个结论:"将物体匀速拉上斜面,斜面倾角越小越省力."

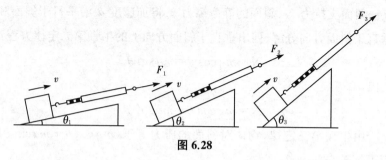

图 6.28

这位同学用"简单枚举法"归纳出来的这个结论正确吗?

我们知道,"简单枚举法"得出的结果是具有或然性的,假如这位同学将实验多做几次,把斜面倾角增大到接近 90°,那么,他会意外地发现:越过某一角度 θ_0 以后,将物体匀速拉上斜面,倾角越大反而越省力.因此,这位同学原先的结论并不正确,他犯了"急遽概括"的错误.

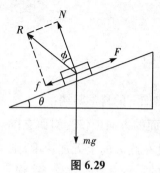

图 6.29

下面,我们对这个问题做一较详细的分析.

如图 6.29 所示,被匀速拉上斜面的物体受四个力的作用而处于平衡状态:重力 mg、拉力 F、斜面支持力 N、斜面摩擦力 f.我们把 N、f 合成一个力 R(R 称为"全反力",即代表斜面对物体的全部反作用),全反力 R 与 N 之间的夹角为 ϕ,有

6 归纳和演绎的方法在中学物理解题中的应用

$$\tan\phi = \frac{f}{N} = \frac{\mu N}{N} = \mu$$

因此,无论 N、f 如何改变,全反力与斜面法线方向的夹角 ϕ 不变,这是一个重要特点,$\phi = \arctan\mu$ 也称为"摩擦角".

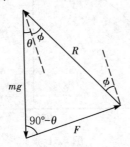

图 6.30

这样,我们可等效地认为物体受三力作用:拉力 F、重力 mg、全反力 R,这三个力应构成封闭三角形(图 6.30).

对这个三角形应用正弦定理,得

$$\frac{F}{\sin(\theta+\phi)} = \frac{mg}{\sin(90°-\phi)}$$

$$F = mg \cdot \frac{\sin(\theta+\phi)}{\cos\phi}$$

随着 θ 的改变,F 也改变,$F—\theta$ 的函数图像如图 6.31 所示.从图像可以看出:

① 当 $\theta = 0°$ 时,拉力 $F = mg\tan\phi$;

② 当 $0 < \theta < 90°-\phi$ 时,F 随 θ 的增大而增大;

③ 当 $\theta = 90°-\phi$ 时,F 取极大值 $F_{max} = mg/\cos\phi$;

④ 当 $90°-\phi < \theta < 90°$ 时,F 随 θ 的增大而减小;

⑤ 当 $\theta = 90°$ 时,$F = mg$.

如果我们经过多次实验事实的考察,并从理论上进行本质分析,进行科学的归纳,就可以得出正确的结论:"将物体匀速拉上斜面,在斜面倾角 $\theta < 90°-\phi$ 时,θ 越小越省力,在斜面倾角 $\theta > 90°-\phi$ 时,θ

越大越省力($\phi=\arctan\mu$,μ是物体与斜面间的动摩擦因数)."

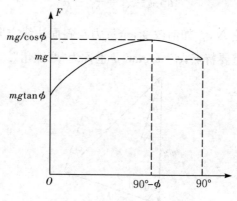

图 6.31

例题 1 (2013 山东理综)* 如图 6.32 所示,一质量 $m=0.4$ kg 的小物块,以 $v_0=2$ m/s 的初速度,在与斜面成某一夹角的拉力 F 作

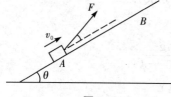

图 6.32

用下,沿斜面向上做匀加速运动,经 $t=2$ s 的时间物块由 A 点运动到 B 点,A、B 之间的距离 $L=10$ m.已知斜面倾角 $\theta=30°$,物块与斜面之间的动摩擦因数 $\mu=\dfrac{\sqrt{3}}{3}$.重力加速度取 $g=10$ m/s².

① 求物块加速度的大小及到达 B 点时速度的大小.

② 拉力 F 与斜面的夹角多大时,拉力 F 最小?拉力 F 的最小值是多少?

分析与解答 本题考查牛顿第二定律和运动学公式的运用,在求极值的过程中着重考查了学生运用数学知识解决物理问题的能力.

---

* 2013 年普通高等学校招生全国统一考试山东卷理科综合试题,以后选用的高考试题均做此简称.

6 归纳和演绎的方法在中学物理解题中的应用

① 设物体加速度的大小为 a,到达 B 点时速度的大小为 v,由运动学公式知

$$L = v_0 t + \frac{1}{2} a t^2 \qquad ①$$

$$v = v_0 + at \qquad ②$$

联立①、②两式,代入数据,得

$$a = 3 \text{ m/s}^2, \quad v = 8 \text{ m/s}$$

② 设物体所受支持力为 F_N,摩擦力为 F_f,拉力与斜面间的夹角为 α,受力分析图如图 6.33 所示.由牛顿第二定律得

$$F\cos\alpha - mg\sin\theta - F_f = ma \qquad ③$$
$$F\sin\alpha + F_N = mg\cos\theta \qquad ④$$

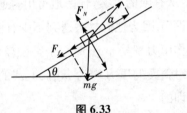

图 6.33

又

$$F_f = \mu F_N \qquad ⑤$$

联立式③~⑤,得

$$F = \frac{mg(\sin\theta + \mu\cos\theta) + ma}{\cos\alpha + \mu\sin\alpha} \qquad ⑥$$

由数学知识知

$$\cos\alpha + \frac{\sqrt{3}}{3}\sin\alpha = \frac{2\sqrt{3}}{3}\sin(60° + \alpha) \qquad ⑦$$

结合⑥、⑦两式可知,与最小值 F 所对应的夹角

$$\alpha = 30°$$

因此,拉力 F 的最小值为

$$F_{\min} = \frac{13\sqrt{3}}{3} \text{ N}$$

说明 本题的难点在于 F 最小值的求解.一般地说,在数学中对极值问题有两种讨论方法:① 化成两角和的函数表达式进行讨论;

② 利用配方法求极值.本题运用的是第一种方法.

值得注意的是,一些同学在解题中列出了如下的方程式:
$$F\cos\alpha - mg\sin\alpha - \mu mg\cos\alpha = ma$$
他们认为物体对斜面的正压力为 $mg\cos\alpha$,因此摩擦力应为 $\mu mg\cos\alpha$,这样自然无法正确求解了.

从思维方法的角度来说,这些同学和 300 多年前的牛顿一样,犯了"急遽归纳"的错误(参阅本书第 1 章 1.5 节"归纳法的局限性"中"从有限的事实,轻率地得出普遍结论——牛顿在光学研究的一次失误").因为他们过去遇到不少有关斜面上的力学问题,物体对斜面的作用力都是 $mg\cos\alpha$,于是就轻率地用上了"所有沿斜面运动的物体对斜面的压力均为 $mg\cos\alpha$"的错误结论.这是值得我们引以为教训的.

(2) 在演绎推理中注意不要犯逻辑错误

从一般到个别的过程就是演绎推理的过程.在形式逻辑中,把作为演绎出发点的一般的判断称为"大前提",把作为演绎中介的判断称为"小前提",把由"大前提"和"小前提"推演出来的结果(这是一个个别的判断)称为演绎的"结论".演绎推理的主要形式,就是由"大前提""小前提""结论"组成的"三段论".例如,我们前面提到的中微子发现过程中,科学家们就坚持了一个正确的演绎推理:

① 一切物质运动过程能量都是守恒的(大前提);

② β衰变是一种物质运动过程(小前提);

③ 所以,β衰变过程中能量也是守恒的(结论).

上述三段论由三个简单性质的判断①、②、③组成,①与②是前提,③是结论.就主项和谓项而言,它包含三个不同的概念,即"物质运动过程""能量守恒"与"β衰变".每一个概念都在两个判断中各出现一次.例如,"β衰变"这个概念,就在②和③中各出现一次.

三段论所包括的三个不同的概念,分别叫作大项、中项和小项.

大项就是作为结论的那个概念,中项就是在两个前提中都出现的那个概念,小项就是作为结论的主项的那个概念.在上述三段论中,"能量守恒"是大项,"物质运动过程"是中项,"β衰变"是小项.

在三段论中,包含大项的那个前提叫作大前提,包含小项的那个前提叫作小前提,在上述的那个三段论中,①是大前提,②是小前提.

在三段论的演绎推理中,不能犯四概念的错误

三段论有一个重要原则:

三段论只能有三个性质的判断,就主项和谓项说,**只能包括三个不同的概念**.

在大前提和小前提中各出现一次的中项,应该是同一概念.但是,有时在大前提与小前提中用以表示中项的那个词语虽然是统一的,但是,它们却表达了两个不同的概念,这样就使三段论中包含着四个不同的概念.这就是**四概念**的错误.例如:

物质是永恒不灭的(大前提);

钢铁是物质(小前提);

所以,钢铁是不灭的(结论).

在这个三段论中的大前提、小前提中都有"物质"这个词,但它们却表达了两个不同的概念:大前提中的"物质"这个词,是哲学上的概念,它是指一切不依赖于人们的意识的客观存在;而小前提中的"物质",表达了具体物体的概念.这个三段论犯了"四概念"的错误,违反了三段论的规则,因而是不正确的.

在物理学中,也有这样的例子.

如图 6.34 所示,将一块立方体石蜡放入玻璃缸中,使石蜡的平整面与玻璃缸底密合,再缓缓将水倒入玻璃缸中,全部浸没石蜡块,则石蜡块并不浮起.有的同学觉得这一现象与阿基米德(Archimedes,约公元前 287~公元前 212)定律有矛盾,他们认为根据阿基米德定律应有如下的三段论:

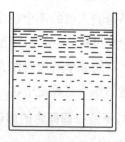

图 6.34

一切浸在液体中的物体都受有向上的浮力,浮力的大小等于被排开液体的重量(大前提);

石蜡块是浸在液体中的物体(小前提);

所以,石蜡块受向上的浮力作用(结论).

这个三段论错在哪里呢?错在大前提和小前提中用以表示中项的"浸在液体中的物体"并不是同一概念,大前提中的"浸在液体中的物体"是指物体全部被流体(液体或气体)所包围的情况(因为存在上、下压力差,这是造成浮力的根本原因),而小前提中的"浸在液体中的物体"则并没有全部为液体所包围,因而不存在液体的向上的压力,谈不上浮力.所以,上述三段论犯了"四概念"的错误.

正确的演绎推理必须前提正确,推理符合思维规律

一个正确的演绎推理,必须前提正确,推理也符合思维规律.恩格斯说过:"如果我们有正确的前提,并且把思维规律正确地运用于这些前提,那么,结果必是与现实相符的.……"违反了这一点,就会得出错误的结论.下举一例.

木块以初速度 $v_0=4$ m/s 在水平地面上滑行,已知木块与地面摩擦系数为 $\mu=0.2$,求 3 s 末木块的位移.

某同学是这样解的:

木块在摩擦力作用下做匀减速运动,其加速度为

6 归纳和演绎的方法在中学物理解题中的应用

$$a = \frac{-\mu mg}{m} = -\mu g = -2 \text{ m/s}^2$$

根据匀变速运动位移公式

$$s = v_0 t + \frac{1}{2} a t^2 = \left(4 \times 3 - \frac{1}{2} \times 2 \times 3^2\right) \text{ m} = 3 \text{ m}$$

然而,实际上,木块滑行 2 秒即停止,因此,木块在 3 秒末的位移为

$$s = v_0 t' + \frac{1}{2} a t'^2 = \left(4 \times 2 - \frac{1}{2} \times 2 \times 2^2\right) \text{ m} = 4 \text{ m}$$

这位同学犯错误的原因是什么呢?

他运用匀变速运动的公式去解决具体问题,显然是用了演绎的方法.他的推理过程是这样的:

做匀变速运动的物体的位移应满足规律:

$$s = v_0 t + \frac{1}{2} a t^2 \text{(大前提)};$$

木块是做匀变速运动的物体(小前提);

所以,木块运动的位移应满足 $s = v_0 t + \frac{1}{2} a t^2$ (结论).

这个三段论的问题出在小前提.木块在 3 s 内并不始终在做匀变速直线运动,只是在前 2 s 内做匀变速直线运动,第 3 s 已静止,因此,小前提为假.所以在三段论中,如果推理形式正确,而结论为假,那么,可以断言,前提中至少有一个是假的.

例题 1 (2013 上海) 如图 6.35 所示,质量为 M、长为 L、高为 h 的矩形滑块置于水平地面上,滑块与地面间动摩擦因数为 μ;滑块上表面光滑,其右端放置一个质量为 m 的小球.用水平外力击打滑块左端,使其在极短时间内获得向右的速度 v_0,经过一段时间后小球落地.求小球落地时距滑块左端的水平距离.

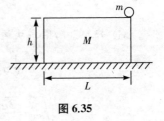

图 6.35

分析与解答 本题考查了学生对牛顿第二定律、匀变速直线运动公式、平抛运动公式的综合运用能力,对物体的运动情况进行全面的讨论的能力,特别考查了学生是否具有思维的缜密性.

开始阶段滑块以初速度 v_0 在摩擦力的作用下做匀减速直线运动,而小球处于静止状态;待滑块与小球分离后,小球做自由落体运动,而滑块继续向右运动.所以,我们应该先求出滑块运动位移 L 时的速度 v_1,再判断小球落地时滑块的运动是否已经停止,进而求出小球落地时距滑块左端的距离 x.

设开始运动时,滑块的加速度为 a_1.根据牛顿第二定律有

$$f_1 = \mu(M+m)g = Ma_1 \Rightarrow a_1 = \frac{f_1}{M} = \frac{\mu(M+m)g}{M}$$

设滑块运动位移 L 时的速度为 v_1,小球落地的时间为 t,则有

$$v_1^2 = v_0^2 - 2a_1 L$$

$$t = \sqrt{\frac{2H}{g}}$$

小球离开滑块后,滑块的加速度为 a_2,则

$$a_2 = \frac{f_2}{M} = \frac{\mu M g}{M} = \mu g$$

滑块运动时间

$$t_0 = \frac{v_1}{a_2} = \frac{\sqrt{v_0^2 - 2a_1 L}}{\mu g}$$

① 若 $t_0 > t$,则滑块运动的位移为

$$x = v_1 t - \frac{1}{2} a_2 t^2$$

$$= \sqrt{v_0^2 - \frac{2\mu g(M+m)}{M}L} \cdot \sqrt{\frac{2H}{g}} - \frac{1}{2}\mu g \cdot \frac{2H}{g}$$

$$= \sqrt{\frac{2Hv_0^2}{g} - \frac{4\mu(M+m)HL}{M}} - \mu H$$

② 若 $t_0 < t$，说明小球没有落到地时，滑块停止．则有
$$v_1^2 = 2a_2 x$$
得
$$x = \frac{v_1^2}{2a_2} = \frac{v_0^2 - \dfrac{2\mu g(M+m)}{M}L}{2\mu g} = \frac{v_0^2}{2\mu g} - \frac{M+m}{M}L$$

说明 不少同学并没有对小球落地前滑块是否已经停止运动进行讨论，因而只得出第一个结果，题目只答对了一半．这些同学在解题时实际上已经不自觉地做了一次演绎推理：

大前提——匀减速直线运动位移变化的规律是 $v_0 t - \dfrac{1}{2}at^2$；

小前提——小球下落的过程中，滑块做匀减速直线运动；

结论——小球下落的过程中，滑块位移变化的规律是 $v_0 t - \dfrac{1}{2}at^2$．

这段演绎推理的错误在哪里呢？错在小前提．因为小球下落的过程中，滑块可能做匀减速直线运动（滑块运动时间大于小球自由落体运动的时间，即 $t_0 > t$）；也可能先做匀减速直线运动，后静止（滑块运动时间小于小球自由落体运动的时间，即 $t_0 < t$）．因此，我们在进行演绎推理的时候，必须养成严谨的思维习惯，防止错误的演绎推理．

例题 2 （2012 江苏） 2011 年 8 月，"嫦娥二号"成功进入了绕日地"拉格朗日点"的轨道，我国成为世界上第三个造访该点的国家，如图 6.36 所示，该拉格朗日点位于太阳与地球连线的延长线上，一飞行器位于该点，在几乎不消耗燃料的情况下与地球同步绕太阳做圆周运动，则此飞行器的（　　）．

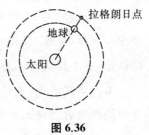

图 6.36

A．线速度大于地球的线速度

B. 向心加速度大于地球的向心加速度

C. 向心力仅由太阳的引力提供

D. 向心力仅由地球的引力提供

分析与解答 本题考查了万有引力定律和圆周运动知识在航天运动中的应用.要求从普遍适用的物理学基本规律出发,推出在题目所描述的特殊情景中各物理量之间的关系,即要求运用从一般到特殊的思维方法进行分析.

有的同学从万有引力提供向心力,由

$$G\frac{Mm}{r^2}=ma \quad 和 \quad G\frac{Mm}{r^2}=m\frac{v^2}{r}$$

推出具体关系式

$$a=\frac{GM}{r^2} \quad 和 \quad v=\sqrt{\frac{GM}{r}}$$

然后,他们再比较飞行器与地球的轨道半径,从而得出飞行器的线速度、向心加速度均小于地球的线速度和向心加速度的结论,于是认为选项 A、B 均错.

这样得出的结论是错误的,因为这个同学做了错误的演绎推理.必须注意,关系式 $a=\dfrac{GM}{r^2}$ 和 $v=\sqrt{\dfrac{GM}{r}}$ 适用于若干飞行器绕同一个中心天体运动(例如,不同的人造卫星绕地球运动),向心力仅由这一个中心天体(地球)提供的情况下,由"万有引力提供向心力"而推出的结论,并不适用于本题的情况.

本题的情况是,飞行器在拉格朗日点时,太阳和地球对它的引力共同提供飞行器绕太阳做圆周运动的向心力,并且飞行器与地球同步绕太阳做圆周运动,它们的角速度相同.根据圆周运动公式

$$a=\omega^2 r \quad 和 \quad v=\omega r$$

可见飞行器的向心加速度和线速度均比地球的向心加速度和线速度

大,因此选项 A、B 都正确,C、D 均错.

说明 通过以上的分析,给了我们一个重要的教训:作为演绎推理的"大前提",必须是普遍适用的物理学的基本规律,如万有引力定律、牛顿第二定律、各种运动学公式等,至于像题中的关系式 $a=\dfrac{GM}{r^2}$ 和 $v=\sqrt{\dfrac{GM}{r}}$ 等,只是在特定情况下由基本规律得出的推论,不能以此作为"大前提",进行演绎推理.

6.3 归纳和演绎在高考题中的应用

(1) 选择题和计算题中的应用

例题 1 (2009 安徽) 2009 年 2 月 11 日,俄罗斯"宇宙—2251"卫星和美国"铱—33"卫星在西伯利亚上空约 805 km 处发生碰撞.这是历史上首次发生的完整在轨卫星的碰撞事件.碰撞过程中产生的大量碎片可能影响太空环境.假定有甲、乙两块碎片,绕地球运动的轨道都是圆,甲的运行速率比乙的大,则下列说法中正确的是( ).

A. 甲的运行周期一定比乙的长
B. 甲距地面的高度一定比乙的高
C. 甲的向心力一定比乙的小
D. 甲的加速度一定比乙的大

分析与解答 由牛顿第二定律、万有引力定律和向心力公式知

$$G\dfrac{Mm}{R^2}=m\dfrac{v^2}{R}$$

得线速度和周期的表达式

$$v=\sqrt{\dfrac{GM}{R}}$$

$$T = \frac{2\pi R}{v} = 2\pi\sqrt{\frac{R^3}{GM}}$$

可见,在太空中物体的运动速率和运动周期都仅与高度(即运行半径)有关.

题设中甲的速率大.根据线速度表达式知,甲碎片的轨道半径小,B错.

甲的半径小,由周期表达式知,其运动周期小,A错.

由于两碎片的质量未知,无法判断两者向心力的大小,C错.

因为碎片在太空运动的加速度,指的就是由引力产生的向心加速度,即

$$G\frac{Mm}{R^2} = ma \quad \Rightarrow \quad a = \frac{GM}{R^2}$$

甲的轨道半径小,因此其加速度大,D正确.

说明 本题考查的是万有引力定律和圆周运动知识在航天运动中的应用.可以采用演绎的思维方法,即从物理学的基本规律(万有引力定律、牛顿第二定律、圆周运动公式等)出发,推出在题目情景中各物理量之间的特殊关系,也就是从一般到特殊的思维方法.

例题2 (2011 安徽) (1) 开普勒行星运动第三定律指出:行星绕太阳运动的椭圆轨道的半长轴 a 的三次方与它的公转周期 T 的二次方成正比,即 $\frac{a^3}{T^2} = k$,k 是一个对所有行星都相同的常量.将行星绕太阳的运动按圆周运动处理,请你推导出太阳系中该常量 k 的表达式.已知引力常量为 G,太阳的质量为 $M_{太}$.

(2) 开普勒定律不仅适用于太阳系,它对一切具有中心天体的引力系统(如地月系统)都成立.经测定月地距离为 3.84×10^8 m,月球绕地球运动的周期为 2.36×10^6 s,试计算地球的质量 $M_{地}$.($G = 6.67 \times 10^{-11}$ N·m^2/kg^2,结果保留一位有效数字.)

分析与解答 (1) 由牛顿第二定律可知,行星绕太阳运动由万

6 归纳和演绎的方法在中学物理解题中的应用

有引力提供向心力,即

$$G\frac{M_\text{太}m}{a^2}=m\frac{4\pi^2 a}{T^2}$$

变形后,得

$$k=\frac{a^3}{T^2}=\frac{GM_\text{太}}{4\pi^2}$$

可见,k 是一个与中心天体有关的量,并非普适常数.它称为开普勒常数.

(2) 对月—地系统,开普勒定律依然成立,即有

$$k=\frac{a^3}{T^2}=\frac{GM_\text{地}}{4\pi^2}$$

式中,a 为月—地距离.变形并代入数据,可得

$$M_\text{地}=\frac{4\pi^2 r^3}{GT^2}=\frac{4\times 3.14^2\times(3.84\times 10^8)^3}{6.67\times 10^{-11}\times(2.36\times 10^6)^2}\text{ kg}\approx 6\times 10^{24}\text{ kg}$$

说明 行星绕太阳运动的椭圆轨道的半长轴的三次方与它的公转周期的二次方成正比,是开普勒通过对水星、金星、地球、火星、木星、土星的天文观测资料的比较取得的,从思维方法的角度看,是从个别到一般的归纳方法(当时,牛顿尚未发现万有引力定律).开普勒的行星第三定律不仅适用于太阳系,它对一切具有中心天体的引力系统(如地—月系统)都成立(这是因为万有引力的普遍性).因此,可以把 $\frac{a^3}{T^2}=k$ 的规律推广到一切具有中心天体的引力系统,又可以看作一种演绎的思维方法(从一般到特殊的思维方法).所以,在实践中,思维方法的应用是很灵活的,而且往往会交织运用多重思维方法,千万不要囿于某种名称.

例题 3 (2013 安徽) 如图 6.37 所示,xOy 平面是无穷大导体的表面,该导体充满 $z<0$ 的空间,$z>0$ 的空间为真空.将电荷为 q 的点电荷置于 z 轴上 $z=h$ 处,则在 xOy 平面上会产生感应电荷.空间任

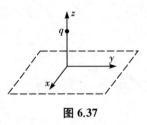

图 6.37

意一点处的电场皆是由点电荷 q 和导体表面上的感应电荷共同激发的.已知静电平衡时导体内部场强处处为零,则在 z 轴上 $z=\dfrac{h}{2}$ 处的场强大小为(k 为静电力常量)( ).

A. $k\dfrac{4q}{h^2}$ B. $k\dfrac{4q}{9h^2}$

C. $k\dfrac{32q}{9h^2}$ D. $k\dfrac{40q}{9h^2}$

分析与解答 根据静电感应规律可知,导体表面的感应电荷一定是负电荷,并且分布在导体表面.电场线在导体表面处处与表面垂直,其空间分布如图 6.38 所示.

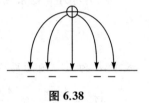

图 6.38

在 z 轴上 $z=\dfrac{h}{2}$ 处的电场强度 E,由点电荷 q 所产生的电场 E_1 和感应电荷产生的电场 E_2 叠加而成.由于 E_1 和 E_2 的方向相同(均垂直指向导体表面),因此,场强 E 的值为两者之和,即

$$E = E_1 + E_2$$

其中,E_1 的值可由点电荷场强公式求出,即

$$E_1 = k\dfrac{q}{\left(\dfrac{h}{2}\right)^2} = \dfrac{4kq}{h^2}$$

而 E_2 是由分布于导体表面的感应电荷所产生的,目前中学物理知识无法直接计算(同学们在以后的继续学习中,可由"电像法"求出).为此,可做如下推理:根据数学中两正数之和必大于其中的每一个数,同样道理

$$E = E_1 + E_2 > E_1 \quad \Rightarrow \quad E > \dfrac{4kq}{h^2}$$

对照四个选项,只有选项 D$\left(E=k\dfrac{40q}{9h^2}\right)$ 符合要求,所以 D 正确.

说明 由于本题是选择题,因此可以不必计算,通过演绎推理得出结果.这不失为一个十分巧妙的补充方法,很有参考意义,请注意体会.

例题 4 (2012 安徽) 如图 6.39 所示,圆形区域内有垂直于纸面向里的匀强磁场,一个带电粒子以速度 v 从 A 点沿直径 AOB 方向射入磁场,经过 Δt 时间从 C 点射出磁场,OC 与 OB 成 $60°$ 角,现将带电粒子的速度变为 $v/3$,仍从 A 点沿原方向射入磁场,不计重力,则粒子在磁场中的运动时间变为( ).

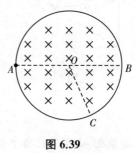

图 6.39

A. $\dfrac{1}{2}\Delta t$ B. $2\Delta t$

C. $\dfrac{1}{3}\Delta t$ D. $3\Delta t$

分析与解答 本题考查带电粒子在磁场中的圆周运动知识.解答这类问题的基本思路是:从洛伦兹力公式、牛顿第二定律、圆周运动公式等物理学的基本规律出发,用演绎推理方法,得出粒子做圆运动的半径、速度、周期等具体关系式,再结合相应的几何知识求解.

根据由洛伦兹力通过向心力

$$qvB = m\dfrac{v^2}{r}$$

得圆半径和周期分别为

$$r = \dfrac{mv}{qB}$$

$$T = \dfrac{2\pi r}{v} = \dfrac{2\pi m}{qB}$$

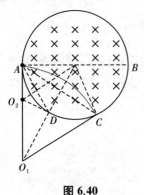

图 6.40

(注意:圆半径与速度成正比,周期与速度无关.)

如图 6.40 所示,当粒子从 A 点射入,经时间 Δt 由 C 点射出磁场.根据几何关系知,AC 所对的圆心角 $\theta_1 = 60°$,其圆心为 O_1 点,因此带电粒子在磁场中的运动时间为

$$\Delta t = \frac{T}{6}$$

如将带电粒子的速度减为 $\frac{v}{3}$,则以 $\frac{v}{3}$ 的速度射入同一磁场中运动半径将变为 $\frac{r}{3}$.设此时由 A 点射入、由 D 点射出,其圆心为 O_2(O_2 仍在 AO_1 线上,且 $AO_2 = \frac{1}{3}AO_1$).设圆形磁场区域的半径为 R,由几何关系得

$$\tan 30° = \frac{R}{r}, \quad \tan\alpha = \frac{R}{r/3}$$

则

$$\tan\alpha = \sqrt{3} \Rightarrow \alpha = 60°$$

所以,AD 弧所对的圆心角 $\theta_2 = 2\alpha = 120°$,带电粒子从点 A 到 D 的运动时间为

$$\Delta t' = \frac{T}{3} \quad 即 \quad \Delta t' = 2\Delta t$$

所以,选项 B 正确.

说明 为防止绘图过于复杂,图中以 O_2 为圆心的弧 AD 未画出.

例题 5 (2013 北京) 以往我们认识的光电效应是单光子光电效应,即一个电子只能在短时间内吸收到一个光子而从金属表面

6 归纳和演绎的方法在中学物理解题中的应用

逸出.强激光的出现丰富了人们对于光电效应的认识,用强激光照射金属,由于其光子密度极大,一个电子在短时间内吸收多个光子成为可能,从而形成多光子电效应,这已被实验证实.光电效应实验装置示意如图 6.41 所示.用频率为 ν 的普通光源照射阴极 K,没有发生光电效应,换同样频率为 ν 的强激光照射阴极 K,则发生了光电效应;此时,若加上反向电压 U,即将阴极 K 接电源正极,阳极 A 接电源负极,在 K、A 之间就形成了使光电子减速的电场,逐渐增大 U,光电流会逐渐减小;当光电流恰好减小到零时,所加反向电压 U 可能是下列的(其中 W 为逸出功,h 为普朗克常量,e 为电子电量)(   ).

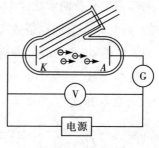

图 6.41

A. $U = \dfrac{h\nu}{e} - \dfrac{W}{e}$ B. $U = \dfrac{2h\nu}{e} - \dfrac{W}{e}$

C. $U = 2h\nu - W$ D. $\dfrac{5h\nu}{2e} - \dfrac{W}{e}$

分析与解答 爱因斯坦光电效应方程是能量守恒定律在光电效应中的具体应用.从思维方法的角度看,光电效应方程就是根据普遍规律——能量守恒定律,经过演绎推理的结果(参阅本书第 4 章第 4.2 节"演绎法在学习和掌握物理规律中的作用").

本题描述的不是爱因斯坦时代的单光子光电效应,而是现代人们用强激光照射金属产生的"多光子光电效应",但我们仍然可以用演绎推理的方法导出光电效应方程.

电子吸收了 n 个光子的能量 $nh\nu$,克服金属原子引力的逸出功 W,剩余动能为 E_k,因此有

$$E_k = nh\nu - W$$

再结合动能定理,$E_k = eU$,可得

$$U = \frac{nh\nu}{e} - \frac{W}{e}$$

其中,$n = 2, 3, 4, \cdots$,所以选项 B 正确.

说明 有部分同学选择了 A,这可能是由于审题不严谨造成的.因为按照题意,普通光源照射阴极 K,没有发生光电效应,可见 n 不能取 1.也有些同学选择 D,他们疏忽了光子的能量只能是一份一份的,因此 n 也只能取整数.这些错误都是在学习中应该注意的地方.

例题 6 (2012 安徽) 如图 6.42(a) 所示,半径为 R 均匀带电圆形平板,单位面积带电量为 σ,其轴线上任意一点 P(坐标为 x)的电场强度可以由库仑定律和电场强度的叠加原理求出:$E = 2\pi k\sigma \left[1 - \frac{x}{(R^2 + x^2)^{1/2}}\right]$,方向沿 x 轴.现考虑单位面积带电量为 σ_0 的无限大均匀带电平板,从其中间挖去一半径为 r 的圆板,如图 6.42(b) 所示.则圆孔轴线上任意一点 Q(坐标为 x)的电场强度为( ).

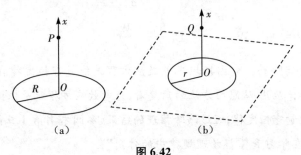

图 6.42

A. $2\pi k\sigma_0 \dfrac{x}{(r^2 + x^2)^{1/2}}$ B. $2\pi k\sigma_0 \dfrac{r}{(r^2 + x^2)^{1/2}}$

C. $2\pi k\sigma_0 \dfrac{x}{r}$ D. $2\pi k\sigma_0 \dfrac{r}{x}$

分析与解答 这是一道十分有趣的选择题.初一看,令人感到非常困难,无从下手,因为均匀带电圆形平板在其轴线上任意一点的电场强度公式,在中学物理教材中没有,仿佛完全超越了教材要求.但如果我们发挥一下想象力:一个无限大的均匀带电平板,不是可以看成半径R趋于无限大的均匀带电圆形平板吗?那么,均匀带电圆形平板其轴线上任意一点的电场强度公式也是可以适用的.

实际上,在这里我们做了一次演绎推理:

大前提——均匀带电圆形平板其轴线上任意一点的电场强度公式是

$$E=2\pi k\sigma\left[1-\frac{x}{(R^2+x^2)^{1/2}}\right]$$

小前提——无限大的均匀带电平板是均匀带电圆形平板;

结论——无限大的均匀带电平板其轴线上任意一点的电场强度公式也是

$$E=2\pi k\sigma\left[1-\frac{x}{(R^2+x^2)^{1/2}}\right]$$

因此,我们将$R\to\infty$代入上述公式中,可得无限大的均匀带电平板其轴线上任意一点的电场强度为

$$E=2\pi k\sigma.$$

接着,我们再发挥一下想象力:无限大的均匀带电平板产生的场强是由均匀带电圆形平板产生的场强与挖去圆板的剩余部分产生的场强叠加而成的.所以,挖去圆板的剩余部分产生的场强等于无限大平板产生的场强减去圆形平板产生的场强,即

$$E'=2\pi k\sigma-2\pi k\sigma\left[1-\frac{x}{(r^2+x^2)^{1/2}}\right]=2\pi k\sigma\frac{x}{(r^2+x^2)^{1/2}}$$

所以选项A是正确的.

说明 均匀带电圆形平板其轴线上任意一点的电场强度公式具有一般意义,即R取任意值公式都成立.当然,当$R\to\infty$(一个特殊值)时,公式也应该成立.这就是特殊寓于一般之中的哲理,它显示了演绎推理在解决问题中的作用,也是本题给我们的启示.

例题7 (2013 天津) 超导现象是20世纪人类的重大发现之

一,目前我国已研制出世界传输电流最大的高温超导电缆并成功示范运行.

(1) 超导体在温度特别低时电阻可以降到几乎为零,这种性质可以通过实验研究.将一个闭合超导金属圆环水平放置在匀强磁场中,磁力线垂直于圆环平面向上,逐渐降低温度使环发生由正常态到超导态的转变后突然撤去磁场,若此后环中的电流不随时间变化,则表明其电阻为零.请指出自上往下看时环中电流的方向,并说明理由.

(2) 为探究该圆环在超导状态的电阻率上限 ρ,研究人员测得撤去磁场后环中电流为 I,并经一年以上的时间 t 未检测出电流变化.实际上仪器只能检测出大于 ΔI 的电流变化,其中 $\Delta I \ll I$,当电流的变化小于 ΔI 时,仪器检测不出电流的变化,研究人员便认为电流没有变化.设环的横截面积为 S,环中定向移动电子的平均速率为 v,电子质量为 m,电荷量为 e.使用上述给出的各物理量,推导出 ρ 的表达式.

(3) 若仍使用上述测量仪器,实验持续时间依旧为 t.为使实验获得的该圆环在超导状态的电阻率上限 ρ 的准确程度更高,请提出你的建议,并简要说明实现方法.

分析与解答 本题结合对超导现象的研究,考查了运用楞次定律判断感应电流方向的能力,对电阻定律、焦耳定律及电流微观表达式的理解和运用能力,以及运用能量守恒和转化的观点分析电路的能力.从思维方法的角度看,本题要求学生从能量守恒和转化的基本原理出发,经过演绎推理,解决题中所具体给出的超导实验中的有关问题.

(1) 撤去磁场的瞬间,穿过圆环的磁通量突变为零.由楞次定律知,环中电流磁场应与原磁场方向相同.根据右手螺旋定则可知,由上往下看,环中电流方向沿逆时针方向流动.

(2) 设圆环周长为 l,电阻为 R,由电阻定律知

6 归纳和演绎的方法在中学物理解题中的应用

$$R = \rho \frac{l}{S}$$

设环中单位体积内定向移动的电子数为 n,则环中电流为

$$I = neSv$$

式中,n、e、S 不变,只有定向移动的电子的平均速率的变化才会引起环中电流的变化.当电流变化大小取 ΔI 时,设相应定向移动电子的平均速率变化的大小为 Δv,则

$$\Delta I = neS\Delta v$$

设环中定向移动电子减少的动能总和为 ΔE_k,则

$$\Delta E_k = nlS \left[\frac{1}{2}mv^2 - \frac{1}{2}m(v-\Delta v)^2 \right]$$

由于 $\Delta I \ll I$,也就是 $\Delta v \ll v$,上式中的 $(\Delta v)^2$ 项可以略去不计,可得

$$\Delta E_k = \frac{lmv}{e}\Delta I$$

根据能量守恒定律知,时间 t 内环中电流因释放焦耳热而损失的能量就等于环中定向移动电子减少的动能总和,即

$$\Delta E = \Delta E_k$$

联立上述各式,得电阻率

$$\rho = \frac{mvS\Delta I}{etI^2}$$

(3) 由 $\rho = \dfrac{mvS\Delta I}{etI^2}$ 可以看出,在题设条件限制下,适当增大超导电流,可以使实验获得的 ρ 值准确程度更高.因此,可以增大穿过该环的磁通量的变化率,从而达到实现增大超导电流,提高实验测量 ρ 的准确度.

说明 许多同学虽然熟知电阻定律、焦耳定律和电流的微观表达式,但却找不出它们之间的联系,导致解题时无从着手.从思维方法的角度来说,这些同学头脑中能量守恒的观念不强,不善于将能量

的转化和守恒的普遍原理,运用演绎推理方法,解决环中超导电流这种特殊情景下的问题.有的同学则是利用了与"能量守恒与转化"不相干的其他物理原理,进行了错误的演绎推理,从而导致解题失误.这些都是值得引以为戒的.

例题 8 （2013 江苏） 在科学研究中,可以通过施加适当的电场和磁场来实现对带电粒子运动的控制.如图 6.43 所示的 xOy 平面处于匀强电场和匀强磁场中,电场强度 E 和磁感应强度 B 随时间 t 做周期性变化的图像如图 6.44 所示. x 轴正方向为 E 的正方向,垂直纸面向里为 B 的正方向.在坐标原点 O 有一粒子 P,其质量和电荷量分别为 m 和 $+q$.不计重力.在 $t=\dfrac{\tau}{2}$ 时刻释放 P,它恰能沿一定轨道做往复运动.

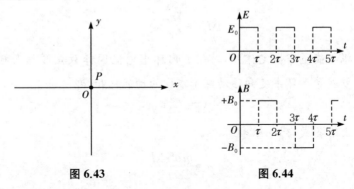

图 6.43　　　　　图 6.44

(1) 求 P 在磁场中运动时速度 v_0 的大小;

(2) 求 B_0 应满足的关系;

(3) 在 $t_0(0<t_0<\dfrac{\tau}{2})$ 时刻释放 P,求 P 速度为零时的坐标.

分析与解答 这是一个有关带电粒子在复合电磁场中运动的综合性问题,难度较大.解决这类问题的关键是对粒子在各个不同阶段做出正确的受力分析和运动过程的分析,最后将分析的结果进行综合.本题在最后处理数据时,采用了归纳的思维方法.

(1) 当 t 在 $\dfrac{\tau}{2} \sim \tau$ 时间段,粒子在电场力的作用下做初速为零的匀加速直线运动.粒子所受到的电场力,产生的加速度和运动时间分别为

$$F = qE_0, \quad a = \dfrac{F}{m}, \quad t = \dfrac{\tau}{2}$$

设这个阶段粒子运动的末速度为 v',则

$$v' = at = \dfrac{qE_0\tau}{2m}$$

在 $t = \tau$ 时刻起,电场消失,磁场加入,粒子在洛伦兹力作用下做匀速圆周运动,其速度为

$$v_0 = v' = \dfrac{qE_0\tau}{2m}$$

如图 6.45 所示.

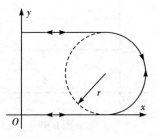

图 6.45

(2) 在 $t = 2\tau$ 时刻,磁场消失,电场加入.按题意,粒子要做往返运动,则此刻粒子必须在 B 点脱离圆轨道向 x 轴负方向运动.这样,粒子做圆周运动的时间就必须为半周期或若干整周期加半周期,即

$$\tau = \left(n - \dfrac{1}{2}\right)T \quad (n = 1, 2, 3, \cdots)$$

根据由洛伦兹力提供向心力的关系和周期表达式,则

$$B_0 qv = m\dfrac{v^2}{r}, \quad T = \dfrac{2\pi r}{v}$$

可解得

$$B_0 = \dfrac{(2n-1)\pi m}{q\tau} \quad (n = 1, 2, 3, \cdots)$$

(3) 若改为在 $t_0\ (0 < t_0 < \dfrac{\tau}{2})$ 时刻释放粒子,则粒子在电场中做匀

加速直线运动的时间为$(\tau-t_0)$(注意此值大于$\frac{\tau}{2}$).此后,在$t=\tau$时刻,从A_1起做匀速圆周运动(图6.46)

$$v_1=\frac{qE_0(\tau-\tau_0)}{m}\quad(v_1>v_0)$$

因此运动半径和周期分别为

$$r_1=\frac{E_0(\tau-\tau_0)}{B_0},\quad T=\frac{2\pi m}{B_0q}\quad\text{(注意周期与速度无关)}$$

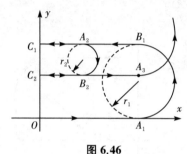

图6.46

在$t=2\tau$时刻,粒子从B_1点脱离圆轨道向x轴负方向做匀减速直线运动直到C点.由运动的对称性可知,这阶段的运动时间为$(\tau-t_0)$,到C点时速度应为零.而后,粒子沿x轴正方向再加速运动,历时t_0,即在$t=3\tau$时刻,粒子P到达A_2点,电场消失,磁场加入(注意磁场已反向),粒子做反向圆周运动.因为$v_0=\frac{qE_0t_0}{m}$,而$t_0<\tau-t_0$,所以速度$v_2<v_1$,运动半径$r_2<r_1$,但周期保持不变.

在$t=4\tau$时刻,磁场消失,电场加入,粒子在B_2点脱离圆轨道向x轴负方向做减速运动,至C_2点再反向加速,至$t=5\tau$时刻到达A_3点,粒子再做圆运动……如此循环往复运动下去.

如图6.46可知,粒子速度为零时,位置有许多个,但都在y轴上,即$x=0$,而相应的纵坐标值有一系列,即

开始时刻:0;

大圆运动结束时:打在y轴上的$2r_1$,$(4r_1-2r_2)$,$(6r_1-4r_2)$,$(8r_1-6r_2)$,…;

小圆运动结束时:打在y轴上的$(2r_1-2r_2)$,$(4r_1-4r_2)$,$(6r_1$

$-6r_2)$,$(8r_1-8r_2)$,$\cdots$;

对它们归纳后,则相应的纵坐标为

$$y=\begin{cases}2[kr_1-(k-1)r_2]\\ 2k(r_1-r_2)\end{cases}(k=1,2,3,\cdots)$$

解得

$$y=\begin{cases}\dfrac{2E_0[k(\tau-2t_0)+t_0]}{B_0}\\ \dfrac{2kE_0(\tau-2t_0)}{B_0}\end{cases}(k=1,2,3,\cdots)$$

说明 本题解答中值得注意的是,在第(2)小题中,将粒子做圆周运动的时间"半周期或若干整周期加半周期"表述为

$$\tau=(n-\frac{1}{2})T\quad(n=1,2,3,\cdots)$$

在第(3)小题中,用一个通式来表达无数个纵坐标时,都采用了归纳的思维方法——从个别到一般的思维方法.

显然,如果一些同学不具备这样正确的归纳能力,或者进行了错误的归纳,结果就得不到正确的表达式.

例题 9 (2013 福建理综) 如图 6.47(a)所示,空间存在一范围足够大的垂直于 xOy 平面向外的匀强磁场,磁感应强度大小为 B.让质量为 m,电量为 $q(q<0)$ 的粒子从坐标原点 O 沿着 xOy 平面以不同的初速度大小和方向入射到该磁场中.不计重力和粒子间的影响.

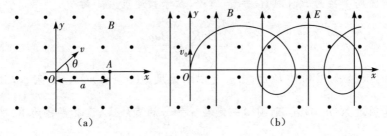

图 6.47

(1) 若粒子以初速度 v_1 沿 y 轴正向入射,恰好能经过 x 轴上的 $A(a,0)$ 点,求 v_1 的大小;

(2) 已知一粒子的初速度大小为 $v(v>v_1)$,为使该粒子能经过 $A(a,0)$ 点,其入射角 θ(粒子初速度与 x 轴正向的夹角)有几个?并求出对应的 $\sin\theta$ 值;

(3) 如图 6.47(b)所示,若在此空间再加入沿 y 轴正向、大小为 E 的匀强电场,一粒子从 O 点以初速度 v_0 沿 x 轴正向发射.研究表明:粒子在 xOy 平面内做周期性运动,且在任一时刻,粒子速度在 x 轴的分量 v_x 与其所在位置的 y 坐标成正比,比例系数与场强大小 E 无关.求该粒子运动过程中的最大速度值 v_m.

分析与解答 本题考查带电粒子在磁场以及电磁复合场中的运动规律,有一定的难度.解题的思路是,从洛伦兹力公式、电场力公式、动能定理、圆周运动规律等物理学的基本规律出发,运用演绎推理,推出在题设具体情况下的各种具体关系式,再结合几何知识解题.解题中,要谨慎地分析各种题设条件,进行严谨的逻辑推理,切勿乱套各种公式,以致产生错误.

(1) 根据由洛伦兹力提供向心力,有

$$qvB = m\frac{v^2}{R} \Rightarrow v = \frac{BqR}{m}$$

当粒子沿 y 轴正方向射入磁场,沿半个圆周恰好运动到达 B 点,设该圆周半径为 R_1,则 $R_1 = \frac{a}{2}$.所以,粒子初速度大小为

$$v_1 = \frac{BqR_1}{m} = \frac{Bqa}{2m}$$

(2) 如图 6.48 所示,当粒子以初速度 $v(v>v_1)$ 从 O 点射入,且能通过 $A(a,0)$ 点,则圆心一定在 $x = \frac{a}{2}$ 的直线上,设其半径为 R.在给定一个初速 v 时,一定有两个入射角(分别在第一、第二象限)能使

粒子经过 $A(a,0)$ 点.由几何知识

$$\sin\theta' = \sin\theta = \frac{a}{2R}$$

代入 $R=\dfrac{mv}{Bq}$,得对应的值

$$\sin\theta = \frac{qBa}{2mv}$$

（3）如图 6.47(b)所示,加入电场后,粒子受洛伦兹力和电场力两种力的作用,但仅有电场力做功,因而在轨迹的最高点动能最大,即速度达到最大值 $v_{\max}$.设此时 y 坐标达最大值 y_m,由动能定理知

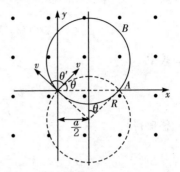

图 6.48

$$qEy_m = \frac{1}{2}mv_{\max}^2 - \frac{1}{2}mv_0^2 \qquad ①$$

而此时粒子的速度沿着水平方向.按题意,粒子速度的 x 轴分量与其所在位置 y 坐标成正比,设比例系数为 k,则有

$$v_{\max} = ky_m \qquad ②$$

根据题意,比例系数 k 与场强 E 的大小无关,因此我们可令 $E=0$,简便地求出 k 值.此时粒子以初速度 v_0 沿 y 轴正方向入射,仅在洛伦兹力作用下做圆周运动,有

$$qv_0B = m\frac{v_0^2}{R_0} \qquad ③$$

因为在圆的最高点的速度沿水平方向,且与 y 值成正比,即 $v_0=kR_0$,代入式②,得

$$k = \frac{v_0}{R_0} = \frac{Bq}{m} \qquad ④$$

由式②、④得

$$y_m = \frac{v_{\max}}{k} = \frac{mv_{\max}}{Bq} \qquad ⑤$$

再将式⑤代入动能定理的表达式①,得

$$\frac{1}{2}mv_{\max}^2 = \frac{1}{2}mv_0^2 + qE\frac{mv_{\max}}{Bq}$$

式中

$$v_{\max}^2 = v_0^2 + \frac{2E}{B}v_{\max}$$

整理得

$$v_{\max}^2 - \frac{2E}{B}v_{\max} - v_0^2 = 0$$

解此一元二次方程,得

$$v_{\max} = \frac{E}{B} + \sqrt{\left(\frac{E}{B}\right)^2 + v_0^2}$$ (舍去不合理的根)

即粒子运动过程中的速度最大值为

$$v_{\max} = \frac{E}{B} + \sqrt{\left(\frac{E}{B}\right)^2 + v_0^2}$$

说明 回顾整个解题过程,有两次用了特殊的演绎推理,给我们带来很大方便:

① 按题意,"比例系数"k 与场强大小 E 无关,也就是"场强大小 E"取任何值比例系数都不变.那么,我们就可以推理出"在 $E=0$"这种特殊情况下比例系数 k 不变.

② 按题意,"在任一时刻,粒子速度的 x 分量 v_x 与其所在位置的 y 坐标成正比",那么,"任一时刻"当然包括在轨迹最高点的时刻,这样,我们就利用演绎推理,在"$E=0$"这种特殊情况下,对"轨迹最高点"这个特殊时刻,可以简便地求出比例系数 k 的值.

因此,我们在解题时,有时若将一般规律演绎出在特殊情况下的特殊结论,往往会取得事半功倍的效果.

例题 10 (2009 江苏) 在 β 衰变中常伴有一种称为"中微子"的粒子放出.中微子的性质十分特别,因此在实验中很难探测.1953 年,莱因斯和考恩建造了一个由大水槽和探测器组成的实验系统,利

6 归纳和演绎的方法在中学物理解题中的应用

用中微子与水中 ^1_1H 的核反应,间接地证实了中微子的存在.

(1) 中微子与水中的 ^1_1H 发生核反应,产生中子(^1_0n)和正电子($^{~0}_{+1}e$),即

$$中微子 + ^1_1H \longrightarrow ^1_0n + ^{~0}_{+1}e$$

可以判定,中微子的质量数和电荷数分别是_____.(填写选项前的字母)

A. 0和0   B. 0和1   C. 1和0   D. 1和1

(2) 上述核反应产生的正电子与水中的电子相遇,与电子形成几乎静止的整体后,可以转变为两个光子(γ),即

$$^{~0}_{+1}e + ^{~0}_{-1}e \longrightarrow 2\gamma$$

已知正电子和电子的质量都为 9.1×10^{-31} kg,反应中产生的每个光子的能量约为_____J.正电子与电子相遇不可能只转变为一个光子,原因是_____.

(3) 试通过分析比较具有相同动能的中子和电子的物质波波长的大小.

分析与解答 读者还记得本书第2章第2.1节"什么是演绎法"中提起的科学家在β衰变的研究中,因坚持能量守恒从而发现了中微子的存在吧.从思维方法的角度来说,这是演绎推理的结果.现在,我们依然从"能量守恒""质量数守恒""电荷数守恒"等基本原理出发,通过演绎推理解答这道问题.

(1) 由核反应方程

$$中微子 + ^1_1H \longrightarrow ^1_0n + ^{~0}_{+1}e$$

根据反应前后质量数守恒、电荷数守恒可知,中微子的质量数为 $1-1=0$,电荷数 $1-1=0$,选项A正确.

(2) 正负电子相遇,成为几乎静止的整体后,转变为两个光子,其质量亏损为 Δm.根据爱因斯坦质能方程和能量守恒定律可知,两个光子的能量为 Δmc^2,因此每个光子的能量为

$$E = \frac{1}{2}\Delta mc^2 = \frac{1}{2} \times 2 \times 9.1 \times 10^{-31} \times (3 \times 10^8)^2 \text{ J}$$
$$= 8.2 \times 10^{-14} \text{ J}$$

因为只有当两个光子的运动方向相反时,其动量和为零,所以,正电子与电子相遇不可能只转变为一个光子.

(3) 粒子的动量为 $p = \sqrt{2mE_k}$,中子的质量大于电子的质量,因此具有相同动能的中子动量大于电子的动量.物质波的波长为 $\lambda = \frac{h}{p}$,因此中子的物质波波长小于电子的物质波波长.

(2) 实验问题中的应用

例题 1 (2013 全国新课标) 图 6.49 是伽利略 1604 年做斜面实验时的一页手稿照片,照片左上角的三列数据如表 6.1 所示.表中第二列是时间,第三列是物体沿斜面运动的距离,第一列是伽利略在分析实验数据时添加的.根据表中数据,伽利略可以得出的结论是( ).

图 6.49

表 6.1

1	1	32
4	2	130
9	3	298
16	4	526
25	5	824
36	6	1192
49	7	1600
64	8	2104

A. 物体具有惯性
B. 斜面倾角一定时,加速度与质量无关
C. 物体运动的距离与时间的平方成正比
D. 物体运动的加速度与重力加速度成正比

分析与解答 这个题目考查学生对实验数据的归纳能力,即从个别到一般的能力.表中第二列是时间,第三列是距离,第一列是伽利略在分析数据时添加的.显然,伽利略在略去误差的前提下找到了距离与时间的平方成正比的关系,即

$32:130:298:526:\cdots \approx 1:4:9:16:\cdots = 1^2:2^2:3^2:4^2:\cdots$

这就是初速度为零的匀加速直线运动的距离与时间平方成正比的规律.

此题不涉及物体的惯性,故选项 A 错.虽然题中"斜面倾角一定时加速度与质量无关"这句话是正确的,但此题并未对不同质量的物体做多次试验来证明"斜面倾角一定时,加速度与质量无关"这个关系,所以选项 B 也错.选项 D 明显错误,所以本题正确答案是 C.

说明 伽利略记录了不同的时间物体沿斜面运动的不同距离(这些都是个别的实验数据),经过分析,得出了初速度为零的匀加速直线运动物体的运动距离和时间的一般规律,这就是一种典型的归纳思维方法,这也就是本题给我们的启示.

例题 2 (2013 四川) 在探究两电荷间相互作用力的大小与哪些因素有关的实验中,一同学猜想可能与两电荷的间距和带电量有关.他选用带正电的小球 A 和 B,A 球放在可移动的绝缘座上,B 球用绝缘丝线悬挂于玻璃棒 C 点,如图 6.50 所示.

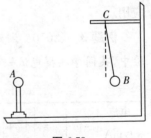

图 6.50

实验时,先保持两球电荷量不变,使 A 球从远处逐渐向 B 球靠近,观察到两球距离越小,B 球悬线的偏角越大;再保持两球距离不变,改变小球所带的电荷量,观察到电荷越大,B 球悬线的偏角越大.

实验表明:两电荷之间的相互作用力,随其距离的_____而增大,随其所带电荷量的_____而增大.

此同学在探究中应用的科学方法是_____（选填："累积法""等效替代法""控制变量法"或"演绎法"）.

分析与解答 这是一道探究两电荷相互作用力的大小与哪些因素有关的实验题.从思维方法的角度看,运用的是求因果关系的归纳法——"共变法"（参见本书"求因果关系的归纳法——穆勒五法"一节）.

实验的目的是寻求"两电荷间相互作用力大小的变化"（果）与两电荷的"间距的变化"（因）和"带电量的变化"（另一个因）之间的关系.实验中,在研究"作用力大小"与"间距"关系时,必须保持"带电量"不变;在研究"作用力大小"与"带电量"关系时,必须保持"间距"不变.这称为"单因素分析法",也称"控制变量法".实验表明,两电荷间相互作用力,随其间距的减小而增大;随其所带电荷量的增大而增大.

说明 近些年,有关对科学思维方法的考查也直接反映到试题中,希望同学们通过试题,能更自觉地重视对科学思维方法的领悟和应用.

例题 3 （2010 浙江） 在"描绘小灯泡的伏安特性曲线"的实验中,某同学测得电流—电压数据如表 6.2 所示.

表 6.2

电流 I/mA	2.7	5.4	12.4	19.5	27.8	36.4	47.1	56.1	69.6	81.7	93.2
电压 U/V	0.04	0.08	0.21	0.54	1.30	2.20	3.52	4.77	6.90	9.12	11.46

(1) 用表 6.2 中的数据描绘电压随电流的变化曲线；

(2) 为了探究灯丝电阻与温度的关系,已画出电阻随电流的变化曲线如图 6.51 所示,请指出图线的特征,并解释形成的原因.

分析与解答 这个实验题用表中数据在坐标纸描点连接成曲

线,属于一种归纳的思维过程(从个别到一般的过程),而对图线的特征进行解释,则考查了综合运用各种知识解决问题的能力.

(1) 电压随电流变化的曲线如图 6.52 所示.

(2) 从电阻随电流变化的图线中可以看出,电阻值随电流的增大而增大.其原因是电流增大后,引起灯丝温度升高,灯丝温度的升高造成了灯丝电阻的增大.

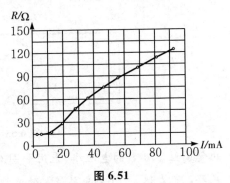

图 6.51

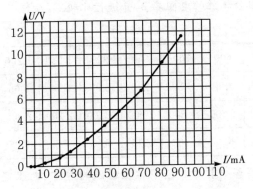

图 6.52

从图线可以看出,这里存在着三个区间:第一区间,电流较小,灯丝温度升高不多,引起灯丝电阻的增加也不大;第二区间,电流增大引起温度升高较多,从而使灯丝电阻也明显增大;第三区间,电流增大,但灯丝发光明显,电能大量转化为光能,从而使灯丝温度的升高比较缓慢,因此灯丝电阻的增大也变得比较缓慢.

例题 4 (2011 浙江) 在"探究导体电阻与其影响因素的定量关系"实验中,为了探究三根材料未知、横截面积均为 $S=0.20 \text{ mm}^2$

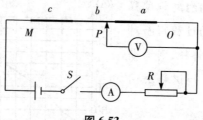

图 6.53

的金属丝 a、b、c 的电阻率,采用如图 6.53 所示的实验电路,M 为金属丝 c 的左端点,O 为金属丝 a 的右端点,P 是金属丝上可移动的接触点.在实验过程中,电流表读数始终为 $I=1.25$ A.电压表读数 U 随 OP 间距离 x 的变化如表 6.3 所示.

(1) 绘出电压表读数 U 随 OP 间距离 x 变化的图线;

(2) 求出金属丝的电阻率 ρ,并进行比较.

表 6.3

x/mm	600	700	800	900	1 000	1 200	1 400
U/V	3.95	4.50	5.10	5.90	6.50	6.65	6.82
x/mm	1 600	1 800	2 000	2 100	2 200	2 300	2 400
U/V	6.93	7.02	7.15	7.85	8.50	9.05	9.75

分析与解答 本题考查了学生对欧姆定律、电阻定律等电学知识的理解和运用能力.

(1) 根据实验数据在坐标纸上标出相应的点,绘出电压表示数 U 随 OP 间距离变化的图像如图 6.54 所示.可以看到,这里有三段不同斜率的直线段.

从思维方法的角度看,这是一个归纳的过程,即从特殊到一般的过程(各坐标点代表不同的特殊场合,直线段代表该导线的一般情况).

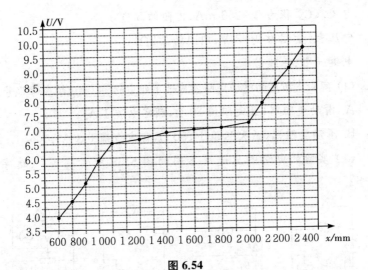

图 6.54

(2) 由欧姆定律 $U=IR$ 和电阻定律 $R=\rho\dfrac{l}{S}$ 可得

$$\rho=\dfrac{U}{I}\cdot\dfrac{S}{l}$$

代入数据,即得对应于三段导线的电阻率分别为

$$\rho_a=\dfrac{(6.50-3.95)\times 0.20\times 10^{-6}}{1.25\times(1\,000-600)\times 10^{-3}}\;\Omega\cdot m=1.04\times 10^{-6}\;\Omega\cdot m$$

$$\rho_b=\dfrac{(7.15-6.50)\times 0.20\times 10^{-6}}{1.25\times(2\,000-1\,000)\times 10^{-3}}\;\Omega\cdot m=9.6\times 10^{-7}\;\Omega\cdot m$$

$$\rho_c=\dfrac{(9.75-7.15)\times 0.20\times 10^{-6}}{1.25\times(2\,400-2\,000)\times 10^{-3}}\;\Omega\cdot m=1.04\times 10^{-6}\;\Omega\cdot m$$

通过计算可知,金属丝 a 与 c 电阻率近似相同,远大于金属丝 b 的电阻率.

例题 5 (2013 天津) 要测绘一个标有"3 V,0.6 W"小灯泡的伏安特性曲线,灯泡两端的电压需要由零逐渐增加到 3 V,并便于操作.已选用的器材有:

电池组(电动势为 4.5 V,内阻约 1 Ω);

电流表(量程为0～250 mA,内阻约5 Ω);

电压表(量程为0～3 V,内阻约3 kΩ);

电键一个、导线若干.

(1) 实验中所用的滑动变阻器应选下列中的_____(填字母代号).

A. 滑动变阻器(最大阻值20 Ω,额定电流1 A);

B. 滑动变阻器(最大阻值1 750 Ω,额定电流0.3 A).

(2) 实验的电路图应选用下列的图6.55中的_____(填字母代号).

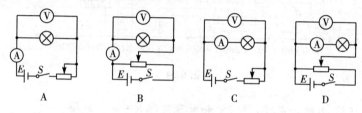

图 6.55

(3) 实验得到小灯泡的伏安特性曲线如图6.56所示.如果将这个小灯泡接到电动势为1.5 V,内阻为5.0 Ω的电源两端,小灯泡消耗的功率是_____W.

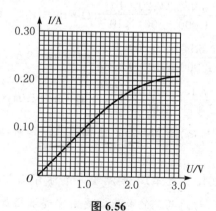

图 6.56

分析与解答 本题考查测绘小灯泡的伏安特性曲线、滑动变阻器的选择、电路的选择以及相关的其他电学知识.在测绘小灯泡的伏

6 归纳和演绎的方法在中学物理解题中的应用

安特性曲线时,用到了归纳的思维方法,而运用图像求出特殊点的坐标,则是运用了演绎的思维方法.

(1) 电压需要从零开始增加,所以滑动变阻器应选择分压接法.

滑动变阻器应选 A(最大阻值 20 Ω,额定电流 1 A).如果选 B(最大阻值 1 750 Ω,额定电流 0.3 A),则调节时,在很大范围内小灯泡的电压会很小,不方便.

(2) 在四个被选电路中,只有 B、D 是分压电路.其中,B 是电流表外接法电路,D 是电流表内接法电路.因为小灯泡的最大阻值是 15 Ω(可由"3 V,0.6 W"算出),与电流表内电阻(约 5 Ω)非常接近.所以,应采用电流表外接法电路,电路应选 B(如选 D,则电压表的读数误差会很大).

(3) 小灯泡的伏安特性曲线,是由实验中测定的若干特殊点绘制而成的.从思维方法的角度看,是从个别到一般的归纳过程,它反映了该小灯泡电压、电流的一般规律.

对电动势为 1.5 V、内电阻为 5 Ω 的电源,我们可以根据闭合电路欧姆定律列出输出电流与电源电压的关系式

$$I = \frac{E}{r} - \frac{U}{r} \quad \text{或} \quad I = 0.3 - 0.2U$$

在同一坐标纸上做出电源的伏安特性曲线(图 6.57).那么,这两条图线的交点有什么物理意义呢?

对小灯泡来说,其所受的电压与通过的电流值必须在小灯泡的伏安特性曲线上;从电源的角度来说,输出电流与电源电压值又必须在电源的伏安特性曲线上,因此,

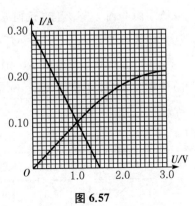

图 6.57

两图线的交点坐标(1.0 V,0.10 A)即为小灯泡与该电源相连时两端的电压与通过的电流,故小灯泡消耗的电功率为

$$P = I_1 U_1 = 0.1 \text{ W}$$

说明 许多同学对解答第(3)小题感到十分困难,他们虽然知道标志小灯泡工作状态的电流、电压值应该是小灯泡伏安特性曲线上某一点,但却没有想到还应该是电源的伏安特性曲线上的某一点,这反映了这些同学思维的片面性,是很值得吸取的教训.

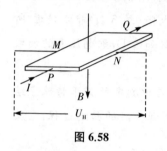

图 6.58

例题 6 (2013 山东) 霍尔效应是电磁基本现象之一,近期我国科学家在该领域的实验研究上取得了突破性进展.如图 6.58 所示,在一矩形半导体薄片的 P、Q 间通入电流 I,同时外加与薄片垂直的磁场 B,在 M、N 间出现电压 U_H,这个现象称为霍尔效应,U_H 称为霍尔电压,且满足 $U_H = k\dfrac{IB}{d}$,式中 d 为薄片的厚度,k 为霍尔系数.某同学通过实验来测定该半导体薄片的霍尔系数.

(1) 若该半导体材料是空穴(可视为带正电粒子)导电,电流与磁场方向如图 6.58 所示,该同学用电压表测量 U_H 时,应将电压表的"+"接线柱与_____(填"M"或"N")端通过导线相连.

(2) 已知薄片厚度 $d = 0.40$ mm,该同学保持磁感应强度 $B = 0.10$ T 不变,改变电流 I 的大小,测量相应的 U_H 值,记录数据如表 6.4 所示.

表 6.4

$I/\times 10^{-3}$ A	3.0	6.0	9.0	12.0	15.0	18.0
$U_H/\times 10^{-3}$ V	1.1	1.9	3.4	4.5	6.2	6.8

根据表中数据在给定区域内(图 6.59)画出 U_H—I 图线,利用图线求出该材料的霍尔系数为_____$\times 10^{-3}$ V·m·A^{-1}·T^{-1}(保留 2 位有效数字).

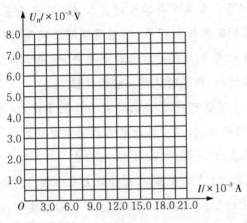

图 6.59

(3) 该同学查阅资料发现,使半导体薄片中的电流反向再次测量,取两个方向测量的平均值,可以减小霍尔系数的测量误差,为此该同学设计了如图 6.60 所示的测量电路,S_1、S_2 均为单刀双掷开关,虚线框内为半导体薄片(未画出).为使电流从 Q 端流入,P 端流出,应将 S_1 掷向_____(填"a"或"b"),S_2 掷向_____(填"c"或"d").

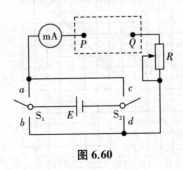

图 6.60

为了保证测量安全,该同学改进了测量电路,将一合适的定值电阻串联在电路中,在保持其他连接不变的情况下,该定值电阻应串联在相邻器件_____和_____(填器件代号)之间.

分析与解答 本题考查学生对霍尔效应是否有基本的了解,并考查了利用实验数据绘制图像、利用图像解决问题的能力以及设计简单直流电路的能力.从思维方法的角度看,利用实验绘制图像是一种归纳的思维过程,即从特殊到一般的过程.

(1) 由左手定则可判知,在洛伦兹力作用下空穴(可视为带正电荷的粒子)的移动方向,以及据此产生的霍尔电压的方向.因此,应该用导线将电压表的"+"接线柱与 M 端相连.

(2) 依据表 6.4 中的数据,在坐标纸上画出相应的坐标点,舍去不合理的点,画出的 U_H—I 图像如图 6.61 所示.根据图像,求出直线的斜率 $\left(\dfrac{U_H}{I}\text{的值}\right)$,代入霍尔电压的表达式 $U_H=k\dfrac{IB}{d}$,可得出霍尔系数

$$k=\dfrac{U_H \cdot d}{IB}=\dfrac{8.0\times 10^{-3}\times 0.40}{21.0\times 10^{-3}\times 0.10}\times 10^{-3}\text{ V}\cdot\text{m}\cdot\text{A}^{-1}\cdot\text{T}^{-1}$$

$$=1.5\times 10^{-3}\text{ V}\cdot\text{m}\cdot\text{A}^{-1}\cdot\text{T}^{-1}$$

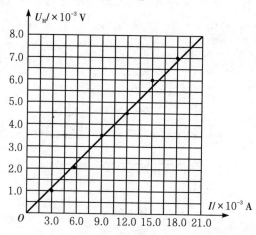

图 6.61

(3) 由题意,电流从 Q 端流入,则 Q 应与电源正极相连,故 S_1 应掷向 b,S_2 应掷向 c.为保证测量安全,无论单刀双掷开关置于何处,该定值电阻均应串联在电路中.所以,该定值电阻应该串联在 S_1 与电源 E 之间(或 S_2 与电源 E 之间).

结 束 语

20世纪90年代,笔者承担了《中学生物理思维方法丛书》中《分析与综合》《归纳与演绎》的写作任务,光阴荏苒,至今已20多个春秋过去了.20多年来,科学技术飞速发展,教育理念不断更新,中学物理教学面貌发生了巨大的变化,进行科学史和科学思维方法教育的重要性为愈来愈多的人们所认识.这次新一版的写作,从20多年中学物理教学发展的实践经验中汲取了丰富的营养,更加注重"科学史料、思维方法、中学教学"三者的结合.如果本书的出版能为中学生朋友学习物理提供一点帮助,那么,笔者作为一个年逾古稀的老教育工作者将会感到莫大的欣慰.

作 者

参考文献

[1] W·L·B·贝弗里奇.科学研究的艺术[M].陈捷,译.北京:科学出版社,1979.

[2] T·S·库恩.科学革命的结构[M].北京:北京大学出版社,2003.

[3] 塞格雷 A.从 X 射线到夸克[M].上海:上海科技文献出版社,1984.

[4] 乔治·伽莫夫.物理学发展史[M].北京:商务印书馆,1981.

[5] 林德宏.科学思想史[M].南京:江苏科学技术出版社,1985.

[6] 李艳平,申先甲.物理学史教程[M].北京:科学出版社,2007.

[7] 张瑞琨.近代自然科学史概论简编[M].上海:华东师范大学出版社,1999.

[8] 关士续.科学认识的方法[M].哈尔滨:黑龙江人民出版社,1984.

[9] 郑积源.科学技术简史[M].上海:上海人民出版社,1987.

[10] 谭树杰,王华.物理学上的重大实验[M].北京:科学技术文献出版社,1987.

[11] 杨建邺,止戈.杰出物理学家的失误[M].武汉:华中师范大学出版社,1986.

[12] 查有梁.牛顿力学的横向研究[M].成都:四川教育出版

社,2014.

[13] 江苏高教局编写组.自然辩证法概论[M].南京:江苏人民出版社,1982.

[14] 金岳霖.形式逻辑[M].北京:人民出版社,2006.

[15] 束炳如,等.物理学家传[M].长沙:湖南教育出版社,1998.

[16] 邱仁宗.成功之路:科学发现的模式[M].北京:人民出版社,1985.

[17] 钱学森.关于思维科学[M].上海:上海人民出版社,1986.

[18] 张涛光.物理学方法论[M].济南:山东科学技术出版社,1983.

[19] 倪光炯,李洪芳.近代物理[M].上海:上海科学技术出版社,1979.

[20] 化学发展史编写组.化学发展简史[M].北京:科学出版社,1980.